Anniks göttlichste Kuchen

Annik Wecker

Anniks göttlichste Kuchen

klassisch – außergewöhnlich – lecker

Inhalt

Anniks Klassiker

Mit diesem Button habe ich meine ganz persönlichen Klassiker markiert, sodass Sie sie leicht wiederfinden.

Liebe Leser*innen,

welche Freude für mich, Ihnen nun dieses Buch vorlegen zu dürfen. So viele Jahre habe ich mich mit Leidenschaft dem Backen gewidmet – den süßen Verführungen in Form von Torten und Tartes sowie Kuchen. Anfangs, weil ich eben immer schon eine begeisterte Kuchenbäckerin war, dann, weil ich nach meinen ersten Büchern so viele spannende und liebe Rückmeldungen und Anregungen bekommen habe.

Ich studierte dann in Bangkok an der angesehenen Kochschule »Le Cordon Bleu« noch einige Monate die hohe Kunst der Patisserie und glaubte, damit einen gewissen Höhepunkt meiner Begeisterung für mein geliebtes Backwerk erreicht zu haben. Danach schlug ich jedoch einige Jahre andere Wege ein, um mich neu zu orientieren. Nicht ohne eine gewisse Wehmut beim Rückblick auf die im wahren Sinne des Wortes »heiße Zeit«.

Und dann fragte mich mein treuer Verlag, ob ich mir nicht in Erinnerung an all die schönen Jahre ein »best of« meiner letzten Bücher vorstellen könne.

Ich war hellauf begeistert und machte mich gleich an die Arbeit. Es ging nun darum, einige Kuchen neu zu backen und sie ins rechte Licht für meine Kamera zu rücken. Zu meiner großen Freude konnte ich dabei entdecken, dass die alte Leidenschaft für Torten, Tartes und mehr noch immer in mir schlummerte und jetzt wieder neu zum Leben erweckt wurde.

Ich danke meiner Freundin Monika Schlitzer für ihre unermüdliche Unterstützung meiner Arbeiten, meinem Vater für die Hilfe bei meinen Fotografien und meiner Familie für ihre Bereitschaft, mir stets zur Seite zu stehen.

Und ich hoffe, Ihnen macht dieses Buch genauso viel Freude wie mir!

Ihre Annik Wecker

Grundlagen & Grundrezepte

Ausstattung

Backformen

Backformen gibt es in unterschiedlichen Materialien, Formen und Größen zu kaufen. Welche Form ich verwende, richtet sich nach dem Teig, den ich backen möchte. Die wichtigste Backform ist die **Springform.** Sie wird nicht nur am häufigsten verwendet, sondern ist auch als Notlösung immer die beste Alternative. Springformen gibt es in Größen zwischen 16 und 32 cm Durchmesser. Am häufigsten werden die Größe 24 cm, 26 cm und 28 cm verwendet. Eine kleinere Form kann sehr praktisch sein, wenn man etwas ausprobieren möchte, nur eine halbe Rezeptmenge backen will oder zu viel Teig gemacht hat.

Wer häufiger Tartes bäckt, sollte sich eine **Tarteform** mit Hebeboden anschaffen. Der Hebeboden ist wichtig, denn Tarteböden zerbrechen sehr schnell beim Herauslösen aus der Form. Die Form muss auch nicht unbedingt beschichtet sein: für die meisten Zwecke genügt eine einfache Form, die im Handel nur wenig mehr als 10 Euro kostet (Ø 28 cm). Tarteformen gibt es in Größen zwischen 10 und 32 cm Durchmesser. Wer keine Form mit Hebeboden hat, sollte lieber eine Springform für die Tartes verwenden.

Silikonformen gibt es mittlerweile in allen Ausführungen und Größen zu kaufen. Sie sind eine tolle Sache für Gugelhupf oder Rührkuchen, die beim Stürzen leicht brechen oder sich schwer aus der Form lösen lassen. (Ich selbst verwende sie dennoch nicht gern, weil ich immer das Gefühl habe, dass die Kuchen den Geschmack der Form annehmen.) Für Mürbeteige oder Biskuitmassen, die Halt brauchen bzw. sich am Rand festhalten sollen, sind sie dagegen nicht so gut geeignet.

Vielseitiger einsetzbar als Backformen sind **Tortenringe** und **Backrahmen** aus Metall. Diese sind meist größenverstellbar und man kann sie nicht nur zum Umspannen von Torten gebrauchen, sondern auch auf ein Blech mit Backpapier stellen, um darin einen Kuchen zu backen. Da man die Größe des Kuchens dabei selbst einstellen kann und sich auch noch das Einfetten des Bodens spart, finde ich sie sehr praktisch.

Back- oder Fleischthermometer

Bei der Zubereitung von Cremes und Ganache müssen manchmal Temperaturen genau eingehalten werden. Dafür braucht man ein Back- oder Fleischthermometer. Solange es exakt funktioniert, ist es ziemlich egal, welche der beiden Thermometervarianten man dafür nimmt.

Handrührgerät/Küchenmaschine/Stabmixer

Das Handrührgerät ist beim Backen das wichtigste Küchengerät. Ich habe zwar eine ganz tolle Küchenmaschine, aber mit dem Handrührgerät habe ich das Gefühl, alles besser unter Kontrolle zu haben. Küchenmaschinen sind praktisch für große Mengen, aber auch für das Kaltschlagen von Cremes oder für langes Kneten von Hefeteig. Ein Schneebesen zum Schlagen und Rühren ermöglicht diese Kontrolle zwar auch, jedoch kann es sehr mühsam und anstrengend sein, beispielsweise Sahne damit steif zu schlagen. Zum Zerkleinern und Pürieren wird manchmal auch ein Stabmixer gebraucht.

Kuchengitter

Man braucht es, damit das Gebäck gut abkühlen kann, denn auf einem Gitter bekommt es auch von unten Luft. Auch zum Abtropfen von Überzügen, beispielsweise bei der Pralinenherstellung oder beim Überziehen einer Torte, ist es ebenfalls sehr hilfreich.

Kuchenunterlage

Möchte man einen Kuchen vom Boden einer Spring- oder Tarteform mit Hebeboden lösen, ist eine Kuchenunterlage aus Aluminium ein guter Helfer. Erst entfernt man den Formrand, dann kann man die Unterlage unter den Kuchen schieben und ihn damit auf eine Kuchenplatte transportieren. Unterlagen aus Plastik sind meist dicker, und daher ist es schwieriger, sie unter den Kuchen zu schieben. Da das Herunterheben nicht ganz einfach ist, empfehle ich nicht so geübten Bäckern, den Kuchen – wenn möglich – auch zum Anschneiden lieber auf dem Boden zu lassen, auf dem er gebacken wurde.

Küchenwaage

Eine präzise Küchenwaage zahlt sich immer aus, denn Backen ist Maßarbeit. Daher empfiehlt sich eine Digitalwaage mit Zuwiegefunktion. Ich finde es außerdem wichtig, dass sie nicht bei 2 kg schlapp macht, denn sonst muss man ständig weitere Schüsseln nehmen, um die Zutaten abzuwiegen. Waagen mit 5 und 10 kg Tragekraft sind ebenfalls im normalen Handel erhältlich und nicht unbedingt teurer.

Messbecher

Ein guter Messbecher ist unerlässlich für das Abmessen von Flüssigkeiten. Sie sollten auch einen Becher für kleinere Mengen besitzen. Dafür eignet sich aber auch ein Babyfläschchen. Einige flüssige Zutaten, wie z. B. Sahne oder Buttermilch, können auch auf einer Küchenwaage abgemessen werden, da die Milliliter der Grammzahl entsprechen. Ein Messbecher aus Metall hat gegenüber Glas den Vorteil, dass man auch heiße Flüssigkeiten einfüllen kann.

Nudelholz (Teigrolle)

Da ich Teig meist zwischen zwei Lagen Frischhaltefolie oder Backpapier ausrolle, ist das Material der Rolle nicht von Bedeutung. Benutze ich keine Folie, bevorzuge ich eine Silikonrolle, da an ihr weniger kleben bleibt. Es gibt sogar Teigrollen mit umklappbaren oder abnehmbaren Griffen, sodass man den Teig auch auf dem Blech oder in der Form ausrollen kann.

Pinsel

Backpinsel sind inzwischen oft auch aus Silikon erhältlich, was eine tolle Erfindung ist – denn so bleiben keine Borsten mehr an den Formen kleben, wenn man sie einfettet. Außerdem lassen sich Silikonpinsel besser reinigen.

Reibe
Seit einigen Jahren gibt es wunderbare schmale Reiben in Stab- oder Röhrenform. Man kann damit direkt über dem Topf oder der Schüssel reiben. An ihnen bleibt auch nicht so viel hängen wie an den flachen Reiben.

Rührschüsseln
Zum Rühren von Teigen ist es wichtig, dass die Backschüsseln einen guten Halt haben (also eventuell einen Gummirand am Boden) und nicht so leicht umfallen. Ob Plastik oder Porzellan ist Ansichts- und Geschmackssache. Metallschüsseln eignen sich gut für das Aufschlagen von Sahne, da man sie im Kühlschrank vorkühlen kann. Auch für Eischnee sind sie ideal, denn sie haben keine Rillen, in denen sich Fettreste verstecken könnten, die das Steifwerden des Eiweißes verhindern würden. Und für Zubereitungen im Wasserbad sind die Metallschüsseln sowieso unerlässlich.

Schneebesen
Schneebesen in mindestens zwei Größen gehören beim Backen auf jeden Fall zur Grundausstattung. Ich benutze sie zwar nicht zum Aufschlagen von beispielsweise Sahne, das ist viel zu mühsam. Aber beim Verrühren aller möglichen Cremes, luftigen Teigen, Kompott etc. sind Schneebesen ein tolles Werkzeug.

Siebe
Ein feines Sieb braucht man zum Beispiel, um Mehl und Puderzucker zu sieben. Das muss kein spezielles Backsieb sein, auch ein normales Haushaltssieb tut seinen Dienst. Außerdem benötigen Sie zudem zwei größere Siebe zum Abtropfen oder Passieren.

Spritzbeutel
Spritzbeutel mache ich mir selbst aus Gefrierbeuteln, in die ich unten ein Loch in der gewünschten Größe schneide. Das hat nicht nur den Vorteil, dass es billiger ist, sondern auch, dass man den Beutel hinterher nicht säubern muss. Möchte man jedoch Rosetten o. ä. aufspritzen, braucht man einen richtigen Spritzbeutel. Es gibt ihn meist im Set mit Tüllen in verschiedenen Größen und Formen. Um einen Spritzbeutel (oder Gefrierbeutel) zu füllen, stellt man ihn am besten in einen Messbecher und stülpt den Rand nach außen um.

Teigschaber/Spatel
Teigschaber sind ideal, um Zutaten unter einen Teig zu heben, die man nicht umrühren darf, wie z. B. Eischnee. Außerdem kann man mit dem Teigschaber den Teig vollständig aus der Schüssel kratzen und in der Form glatt streichen. Es gibt sie in unterschiedlichen Größen zu kaufen.
Sie sollten mindestens zwei davon besitzen – auch einen kleinen, weil Sie damit z. B. Joghurt, Frischkäse usw. quasi restlos aus der Verpackung herausholen können. Als Material ist Silikon besonders beliebt, weil es auch so schön biegsam ist. Man kann Teigschaber aus diesem Material zudem auch bei heißen Zutaten verwenden. Sehr praktisch sind Teigschaber mit einem Metallgriff, weil sie dann in der Spülmaschine gereinigt werden können.

Zutaten

Backtriebmittel

Backpulver ist bei uns in Deutschland das gängigste Backtriebmittel. Es sorgt dafür, dass der Teig locker und luftig wird und der Kuchen nach dem Backen nicht zusammenfällt. Backpulver besteht aus Natron, einem Säurungsmittel und einem Trennmittel, welches verhindert, dass die Triebkraft ausgelöst wird. So entsteht erst unter Einwirkung von Luft, Flüssigkeit und Wärme Kohlendioxid. Dieses ist für das Aufgehen des Teiges zuständig. Ein Teig mit Backpulver sollte nach dem Anrühren oder Kneten gleich gebacken werden, damit die Triebkraft der Kohlensäure nicht verpufft. Backpulver muss im Teig gut verteilt werden, daher wird es in der Regel vor der Zugabe gut mit dem Mehl vermischt. Außerdem sollten Sie sich beim Backen genau an die Mengenangaben halten, denn zu viel Backpulver kann bewirken, dass der Kuchen nach dem Aufgehen zusammenfällt. Natron enthält keine Säure wie Backpulver. Diese muss bei der Verwendung von Natron für einen Teig zugefügt werden. Als alleiniges Triebmittel können Sie es nur verwenden, wenn der Teig Sauerrahm, Zitronensaft oder eine andere saure Zutat enthält.

Butter

Die Temperatur der Butter ist bei der Zubereitung von Gebäck sehr wichtig. Bei einem Rührteig beispielsweise muss die Butter weich sein und Zimmertemperatur haben, denn nur dann lässt sie sich schaumig schlagen. Die schaumige Butter ist mit dafür verantwortlich, wie gut der Kuchen aufgeht. Bei einem Mürbeteig hingegen muss die Butter sehr kalt sein, um sich perfekt mit den anderen Zutaten zu verbinden. Außerdem kann Butter gerinnen, wenn ihre Temperatur nicht mit den anderen Zutaten harmoniert – besonders kritisch ist das bei manchen Cremes.

Eier

Eier sind beim Backen unverzichtbar. Ohne sie würden die meisten Kuchen auseinanderfallen. Das Eigelb macht das Gebäck mürber, verbessert dabei den Geschmack und enthält Glanzstoffe, die den Kuchen auch noch verschönern. Eiweiß hat ein gutes Schaumbildungsvermögen und lockert das Gebäck. Ebenso wie das Eigelb verleiht es dem Kuchen Glanz. Eier gibt es in verschiedenen Größen. Ich verwende in der Regel für meine Rezepte Eier der Größe L (63–73 g). Außer bei Mürbeteig, da sind es kleine Eier der Größe S (unter 53 g).

Gezuckerte Kondensmilch

Gezuckerte Kondensmilch ist unerlässlich für geschmeidige Puddings und Cremes. In meinen Rezepten verwende ich sie häufig. Es gibt sie in vielen gut sortierten Lebensmittelgeschäften und Supermärkten zu kaufen.

Kakao

Kakao wird meist in Pulverform und stark oder schwach entölt angeboten. Zum Backen eignet sich das schwach entölte Pulver besser, da es einen höheren Kakaobutteranteil besitzt.

Mehl

Weißes Weizenmehl der Type 405 ist das übliche Backmehl. Durch seinen hohen Anteil an Klebereiweiß macht es Teige elastisch und das Gebäck locker, lässt den Teig gut aufgehen und quellen. Bei Mehl kennzeichnet die Typenbezeichnung den Ausmahlungsgrad. Je höher die Zahl, desto geringer ist dieser und desto nährstoffreicher und dunkler ist das Mehl. Sie können Weizenmehl teilweise oder ganz durch Dinkelmehl (Type 630 oder 1050) ersetzen, das reich an Eiweiß, Vitaminen und Mineralien ist.

Schlagsahne

Schlagsahne sollte immer kalt sein, wenn man sie aufschlägt. Am besten ist es sogar, wenn nicht nur die Sahne gut durchgekühlt ist, sondern auch Schüssel und Quirle des Handrührgeräts eine Weile im Kühlschrank ruhen konnten. Um der Sahne einen festeren Halt zu geben, kann man beim Aufschlagen auch Sahnesteif zugeben.

Das ist ein Pulver, welches hauptsächlich aus Stärke und Traubenzucker besteht und die Sahne beim Schlagen fest werden lässt. Letzteres geht übrigens umso leichter, je höher der Fettanteil der Sahne ist.

Salz

Salz ist eine wichtige Zutat, die in keinem Kuchen fehlen darf. Es bildet in süßem Gebäck einen geschmacklichen Ausgleich und hebt die anderen Aromen hervor. Außerdem ist Salz ein richtiges Backhilfsmittel, da es beispielsweise beim Aufschlagen von Eiweiß dafür sorgt, dass ein fester Schnee entsteht. Und bei Hefegebäck spielt es unter anderem für die Bräunung und das Volumen eine Rolle.

Zucker

Für meine Rezepte verwende ich meist den gewöhnlichen weißen Haushaltszucker oder Puderzucker. Je weißer der Zucker ist, desto mehr Raffinationsschritte sind zu seiner Erzeugung notwendig und desto mehr Mineralstoffe des Ausgangsprodukts gehen verloren. Sie können den normalen Haushaltszucker auch durch Vollrohr- oder Rohrohrzucker ersetzen, was den Geschmack ein wenig verändert. Bei einigen Rezepten passt der zum Teil ausgeprägte Malzgeschmack des Vollrohrzuckers allerdings sehr gut.

Küchentechniken

Garprobe

Oft sieht man dem Kuchen von außen nicht an, ob er innen schon gar ist. Also macht man eine Garprobe. Bei Rührteigen und Gugelhupf erkennt man, ob ein Kuchen gar ist, wenn man ein Holzstäbchen in den Kuchen steckt und wieder herauszieht. Bleibt kein Teigrest kleben, ist der Kuchen fertig. Biskuitböden und -kuchen sind gar, wenn sich bei leichtem Druck mit den Fingern der Kuchen weich, aber nicht feucht anfühlt. Außerdem dürfen keine Druckstellen zurückbleiben. Hefeteig ist gar, wenn man auf die Unterseite des Gebäcks klopft und es hohl klingt. Ebenso kann man, wie beim Rührkuchen, mit einem Holzstäbchen testen. Mürbeteigböden sollten leicht gebräunt sein.

Geliermittel verarbeiten

Gelatine gibt es in Blatt- und in Pulverform. Ich verwende lieber Blattgelatine, weil man sie besser portionieren kann. Die Gelatine wird etwa 5 Minuten in etwas kaltem Wasser eingeweicht, anschließend ausgedrückt und mit erwärmter Flüssigkeit verrührt. Dafür nimmt man meist etwas, mit dem man die Creme aromatisieren möchte, wie z. B. Zitronensaft oder Alkoholika. Wichtig ist, dass Gelatine nicht zu heiß wird, weil sie dann ihre Gelierkraft verliert. In der Regel wird auch immer erst ein Teil der übrigen Creme mit der aufgelösten Gelatine verrührt, denn so verteilt sie sich besser. Also die Gelatine in Flüssigkeit auflösen, einen Teil der Creme dazugeben und glatt rühren. Dann kommt diese Mischung zur restlichen Creme und wird mit ihr verrührt. Bitte beachten Sie: Frische Ananas, Feigen, Papaya und Kiwi enthalten Enzyme, die die Gelierkraft der Gelatine vermindern. Sie können deshalb für Fruchtgelees und feste Fruchtfüllungen (z. B. bei Tartes und Torten) nur verwendet werden, wenn man sie vorher kurz in kochendes Wasser taucht. Viele Tortencremes beinhalten geschlagene Sahne oder Eischnee. Diese Zutaten hebt man ganz am Schluss unter die Creme, wenn diese schon zu gelieren beginnt. Ist die Creme noch zu flüssig, geht die Luft in der Sahne oder im Eischnee verloren. Ist sie schon zu fest, ist das Unterheben nicht mehr möglich.

Zur Rose abziehen

Cremes oder Saucen auf Eigelbbasis dürfen oft nicht kochen. Um sie anzudicken, müssen sie also vorsichtig über dem Wasserbad erwärmt werden. Dabei sollte man ständig rühren. Um zu erkennen, ob die Creme oder Sauce heiß genug ist, nimmt man etwas Creme auf den Kochlöffel oder Teigspatel und bläst darauf. Bilden sich Wellen, die wie eine Rose aussehen, ist die Creme fertig.

Kalt rühren

Meist werden erwärmte Cremes oder Saucen anschließend wieder kalt gerührt, was ihnen eine bessere Konsistenz verleiht. Dieses Kaltrühren wird auch gerne über dem Wasserbad gemacht, allerdings über einem kalten. Dafür am besten die Schüssel in eine größere Schüssel, die mit Eiswasser gefüllt ist, stellen. Meist überlasse ich jedoch das Kaltrühren meiner Küchenmaschine, weil es doch sehr lang dauert und ziemlich anstrengend ist.

Karamell herstellen

Karamell ist geschmolzener Zucker. Für seine Herstellung braucht man etwas Übung, weil er schnell verbrennt, und er benötigt eine bestimmte Temperatur, damit man ihn verarbeiten kann. Um Karamell herzustellen, wird Zucker bei mäßiger bis mittlerer Hitze in einen großen Topf gestreut, der Boden sollte gerade bedeckt sein. Beginnt der Zucker sich zu verflüssigen, gibt man nach und nach mehr dazu. Dabei nicht rühren, sondern den Topf von Zeit zu Zeit etwas hin- und herschwenken, damit sich alles gut verteilt und der Zucker gleichmäßig karamellisiert. Es gibt auch die Möglichkeit, den Zucker mit etwas Wasser zu karamellisieren, dabei ist das Rühren erlaubt. Wichtig ist, dass man einen Holz- oder Silikonlöffel benutzt. Durch die starke Hitze würde ein Plastiklöffel schmelzen und ein Metalllöffel so heiß werden, dass man sich verbrennt. Ein Topf mit schwerem, hellem Boden eignet sich am besten, darin ist die Färbung des Karamells gut zu erkennen.

Schokolade verarbeiten

Besonders wichtig für die Verarbeitung von Schokolade ist die Qualität. Man sollte nur hochwertige Schokolade verwenden, denn die Verwendung von Billigschokolade beeinträchtigt den Geschmack des Backwerks. Für die Qualität ist jedoch nicht, wie oft vermutet, der Kakaoanteil einer Schokolade verantwortlich. Es gibt sehr gute Schokoladen mit geringem Kakaoanteil. Je heller die Schokolade ist, desto weniger Kakao und desto mehr Zucker enthält sie jedoch. Daher ist hellere Schokolade weicher als dunkle. Nach meiner Erfahrung ist der Preis ein relativ einfaches Mittel, um gute Schokolade zu erkennen.

Schokolade schmelzen: Schokolade wird über dem Wasserbad geschmolzen. Man füllt einen kleinen Topf mit Wasser, erwärmt es auf dem Herd und stellt die Metallschüssel mit der gehackten Schokolade auf den Topf. Das Wasser im unteren Topf darf dabei weder kochen noch die Schüssel mit der Schokolade berühren. Die Schokolade darf nicht zu heiß werden, damit sie nicht klumpt. Auch sollte kein Tropfen Wasser in die Schokolade kommen, denn das macht sie hart. Es genügt meist, drei Viertel der Schokolade zu schmelzen und die restliche zerkleinerte Schokolade in der bereits geschmolzenen Schokolade glatt zu rühren. Für einen schönen **Glanz** gibt man etwas Butter oder Kokosfett in die geschmolzene Schokolade, das macht sie auch geschmeidiger. Pure Schokolade muss man zum Verarbeiten **temperieren,** das bedeutet, dass man zuerst drei Viertel der Schokolade über dem Wasserbad auf etwa 45–50 °C erwärmt, dann das letzte Viertel der zerkleinerten Schokolade darin schmilzt und sie damit auf 32 °C abkühlt. Bei dieser Temperatur kann die Schokolade verarbeitet werden: Sie behält dann ihren Glanz, und es gibt nach dem Trocknen keine unschönen weißen Streifen auf der Schokoladenoberfläche.

Schokoladenglasur lässt sich einfach selbst herstellen: 350 g Schokolade (70 % Kakaoanteil) hacken und mit 225 g Butter in Stückchen in eine Metallschüssel geben. Über dem Wasserbad schmelzen, herunternehmen und abkühlen lassen. 225 ml Milch und 450 g Puderzucker verrühren und unter die Schokoladenmasse rühren.

Ganache schmeckt toll als Kuchenbelag oder Tortenfüllung. Dafür etwa 200 g gehackte Schokolade mit 100 g Sahne über dem Wasserbad schmelzen, anschließend 50 g kalte Butter in Stückchen darin unter Rühren auflösen.

Wasserbad

Ein Wasserbad wird nicht nur zum Schmelzen von Schokolade verwendet, sondern auch zum Aufschlagen von verschiedenen Cremes oder Eiern. Man verwendet es in der Regel, wenn etwas erwärmt werden soll, aber nicht zu heiß werden darf. Für das Wasserbad gibt es spezielle Töpfe, die jedoch nicht unbedingt notwendig sind. Am besten nimmt man einen Topf, auf den man eine Metallschüssel stellt. Den Topf füllt man mit Wasser. Bei Schokolade beispielsweise gibt man nur wenig Wasser in den Topf, denn die Schüssel sollte das Wasser nicht berühren. Der Dampf reicht aus, um die Schokolade zu schmelzen, und man kann dabei sicher sein, dass sie nicht zu heiß wird.

Cheesecakes beispielsweise backt man gelegentlich im Wasserbad. Sie werden dafür in ihrer Form auf ein tiefes Backblech gestellt, das man mit Wasser füllt. Die Backform sollte dabei mindestens zur Hälfte, besser noch zu drei Vierteln, im Wasser stehen. Bei einer normalen Kuchenform, beispielsweise einer Springform, ist es wichtig, dass diese von außen gut mit Alufolie abgedichtet wird, damit kein Wasser eindringen kann.

Gesundes Backen

Bei jedem Kuchen lässt sich durch fettarme Milch, fettarmen Joghurt oder Magerquark **Fett sparen.** Oft gibt es dabei keinen geschmacklichen Unterschied zu den fettreichen Alternativen. Manche Kuchen gelingen auch mit Halbfettbutter, und oft lässt sich der Butteranteil reduzieren oder durch andere Zutaten ersetzen. So kann man bei einigen Teigen einen Teil der Butter durch Quark (z. B. bei Mürbeteig) oder Apfelmus (z. B. bei Rührteig) ersetzen. Für Menschen mit hohen Cholesterinwerten gibt es Teige, in denen Pflanzenöl statt Butter verwendet wird.

Beim **Mehl** lassen sich alle Teige statt mit Weizenmehl der Type 405 problemlos mit Type 550, Type 1050 oder mit Dinkelmehl herstellen. Manchmal wird dann ein Tick mehr Flüssigkeit gebraucht. Vollkornmehl ist für feine Teige wie Biskuit allerdings ungeeignet, weil es die Teigstruktur und den Geschmack zu sehr verändert. In den meisten Rührkuchen kann es aber gut eingesetzt werden, wenn ein wenig mehr Flüssigkeit zugesetzt wird, weil das Vollkornmehl stärker aufquillt.

Zucker im Kuchen ist ein schwieriges Thema, weil die Geschmäcker so unterschiedlich sind. Ich bekomme oft zu hören, dass meine Kuchen sehr süß seien. Wahrscheinlich mag ich das einfach. Seit ich im Café direktes Feedback bekommen habe, weiß ich aber, dass viele Leute, wenn sie sich ab und zu etwas Süßes gönnen, auch etwas wirklich Süßes möchten. Bäckt man für sich selbst, ist das kein Problem – man kann ohne Weiteres den Zuckeranteil der Kuchen reduzieren. Und man kann Zucker auch ersetzen, viel gesünder wird ein Kuchen dadurch jedoch kaum. Natürlich hat Honig mehr Nährstoffe als weißer Zucker, das spielt jedoch für die Gesundheit kaum eine Rolle, wenn man sich ab und zu ein Stückchen Kuchen gönnt. Ich verwende andere Zuckersorten eher aus geschmacklichen Gründen. So gibt Vollrohrzucker einen kräftigen, leicht karamelligen Geschmack. Muscovado-Zucker schmeckt ebenfalls kräftig und leicht malzig. Honig hat – je nach Sorte – einen bestimmten Eigengeschmack und ist zudem süßer als Zucker. Mit Süßstoffen und Zuckerersatzstoffen habe ich wiederholt experimentiert und festgestellt, dass die meisten Sorten leider einen unangenehmen Eigengeschmack besitzen.

Glutenfreie Kuchen verzichten auf Mehle mit Klebereiweiß, wie es in Weizen oder Dinkel enthalten ist. Stattdessen kommen z. B. Mehle aus Buchweizen, Reis oder Mais zum Einsatz. Oft werden glutenfreie Mehle im Rezept auch gemischt, um ein optimales Backergebnis zu erzielen. Speisestärke ist ebenfalls glutenfrei.

Vegane Kuchen enthalten überhaupt keine tierischen Produkte wie Eier, Honig oder Milchprodukte. Letztere kann man durch pflanzliche Alternativen ersetzen.

Laktosefreie Milchprodukte sind für Menschen ideal, die keinen Milchzucker vertragen. Beim Backen können sie problemlos normale Milch, Joghurt und Quark ersetzen. Es gibt keinen Geschmacksunterschied im Backwerk. Butter kann man gegen Margarine austauschen.

Vegetarier können statt Gelatine als **pflanzliches Geliermittel** Agar-Agar verwenden, das aus Meeresalgen gewonnen wird und z. B. im Bioladen in Pulverform erhältlich ist. Agar-Agar besitzt eine höhere Gelierfähigkeit als Gelatine. Als Faustregel gilt: 6 Blatt Gelatine entsprechen ¾ TL Agar-Agar. Im Gegensatz zu Gelatine, die in heißer Flüssigkeit aufgelöst, aber nicht gekocht wird, muss Agar-Agar 1–2 Minuten kochen, um seine Gelierfähigkeit zu entwickeln. Nach dem Abkühlen geliert die Flüssigkeit sofort. Agar-Agar eignet sich jedoch nicht für die Zubereitung von Süßspeisen, die nicht erhitzt werden dürfen. Eine weitere pflanzliche Gelatine-Alternative ist Johannisbrotkernmehl, das Cremes auch kalt bindet. Hier gilt: 1 g Johannisbrotkernmehl reicht für 100 ml kalte oder 200 ml warme Flüssigkeit.

Backzutaten umrechnen

Es gibt die unterschiedlichsten Gründe, sich nach einer Umrechenformel für Backformen umzusehen: Man hat ein tolles Rezept für eine 30er-Tarteform, besitzt aber nur eine Form mit 26 cm Durchmesser. Oder man möchte für die kleine Kaffeerunde einen kleinen anstelle eines großen Kuchens backen. Oder man denkt, Omas tolles Blechkuchenrezept wäre genau das Richtige für den Sonntagsbrunch – aber nur in Springformgröße. Wenn man nur wüsste, wie man die Zutatenmengen anpasst … Das ist gar nicht so kompliziert: Man braucht nur einen Taschenrechner und ein bisschen Mathematik. Damit vergleicht man die Flächen der verschiedenen Backformen. Dazu muss man bei Backblechen wissen, wie lang die beiden Seiten sind. Diese Seitenlängen werden miteinander multipliziert.

Fläche Backblech: Länge × Breite
Beispiel Fläche Backblech:
35 cm × 45 cm = 1.575 cm²

Bei Springformen benötigt man den Kreisradius r, der der Hälfte des Durchmessers entspricht. Multipliziert wird mit der Zahl π (sprich Pi), die ungefähr dem Wert 3,14 entspricht. (Die vielen Stellen nach dem Komma brauchen wir beim Backen nicht.)

Die Formel für die Fläche lautet: r × r × π
Beispiel Fläche Springform, 28 cm Ø:
14 cm × 14 cm × 3,14 = 615,44 cm²

Will man nun einen Backblechkuchen in der Springform backen, muss man die beiden Flächen ins Verhältnis setzen. Dazu wird die Fläche der Springform durch die Backblechfläche geteilt. So erhält man den Faktor, mit dem man die Zutaten vom Backblechrezept multiplizieren muss, um die richtige Teigmenge für die Springform zu ermitteln.

Umrechnungsfaktor: 615,44 : 1.575 = 0,39

Beispiel:
400 g Mehl beim Backblech × 0,39 = 156 g bei der Springform
200 g Zucker beim Backblech × 0,39 = 78 g bei der Springform

Natürlich kann man die Grundzutaten ein bisschen auf- oder abrunden. Bei Salz oder Gewürzen wird einfach minimal angepasst. Für die gängigen Backformen und Backbleche gibt es hier eine praktische Umrechnungstabelle:

Größe der Form im Rezept (Ø / Länge × Breite) →

↓ Gewünschte Größe der Form (Ø / Länge × Breite)	14	18	20	24	26	28	30	32	35 × 45	35 × 40
14	1	0,61	0,49	0,34	0,29	0,25	0,22	0,19	0,10	0,11
18	1,65	1	0,81	0,56	0,48	0,41	0,36	0,32	0,16	0,18
20	2,04	1,23	1	0,7	0,6	0,51	0,44	0,39	0,20	0,22
24	2,94	1,77	1,44	1	0,85	0,73	0,64	0,56	0,29	0,32
26	3,45	2,08	1,69	1,39	1	0,86	0,75	0,66	0,34	0,38
28	4,00	2,41	1,96	1,36	1,16	1	0,87	0,77	0,39	0,44
30	4,59	2,77	2,25	1,56	1,33	1,15	1	0,88	0,49	0,51
32	5,22	3,15	2,56	1,78	1,52	1,31	1,14	1	0,51	0,57
35 × 45	10,24	6,19	5,02	3,48	3,22	2,56	2,23	1,96	1	1,13
35 × 40	9,10	5,50	4,46	3,10	2,64	2,27	1,98	1,74	0,89	1

Ø-Angaben für Spring- und Tarteformen, Länge × Breite für Backbleche. Alle Angaben in cm.

Grundteige: Hefeteig

Keine Angst vor Hefeteig! Wer zimmerwarme Zutaten nimmt, Zugluft vermeidet und kräftig knetet, hat keine Probleme. Außerdem ist er ideal für Kaloriensparer, weil sich die Butter gut durch Magerquark ersetzen lässt.

70 g	Butter
600 g	Mehl
1 Würfel	Hefe (42 g)
80 g	Zucker
150 ml	lauwarme Milch
2	Eier, Größe L
1/4 TL	gemahlene Vanille
1/4 TL	Salz

Die Butter zerlassen. Das Mehl in eine Schüssel geben und eine Mulde in die Mitte drücken. Die Hefe hineinbröckeln und 20 g Zucker darüberstreuen. Die Milch darübergießen. Mit etwas Mehl vom Rand zu einem Vorteig verrühren, bis die Hefe sich aufgelöst hat. Abdecken und 20 Minuten gehen lassen.

Eier, zerlassene Butter, Vanille, Salz und den restlichen Zucker (60 g) zum Vorteig geben. Alles mit den Händen oder der Küchenmaschine zu einem geschmeidigen Teig verkneten. Je länger geknetet wird, desto besser geht der Teig auf. Abdecken und an einem warmen Ort 1–2 Stunden gehen lassen. Der Teig sollte sein Volumen verdoppeln.

Den Teig erneut mit den Händen durchkneten, nach Wunsch belegen oder füllen und in der Form oder auf dem Blech noch einmal 20 Minuten abgedeckt gehen lassen. Dann backen wie im jeweiligen Rezept beschrieben.

Hefeteig-Tipps

Hefeteig ist viel unkomplizierter, als die meisten vermuten. Denn der Teig gelingt in der Regel auch, wenn man nicht alles haargenau befolgt. Bekommt der Teig nicht genügend Wärme, braucht er einfach ein bisschen mehr Zeit zum Gehen. Wenn er also einmal nicht aufgeht: Geduld haben und abwarten. Außerdem ist er ein Verwandlungskünstler. Mit verschiedenen Cremes, Belägen, Füllungen und Früchten hat man schnell etwas Gutes aus den Zutaten gebacken, die gerade zur Hand sind.

Temperatur: Während der Verarbeitung und vor allem während des Gehens sollte Zugluft unbedingt vermieden werden. Also den Teig zugedeckt an den wärmsten Ort im Haus oder in den nur leicht temperierten Ofen stellen.

Trockenhefe eignet sich ebenso wie frische Hefe. Faustregel: 1 Päckchen entspricht 25 g Frischhefe. Bei Trockenhefe wird kein Vorteig angerührt, sondern alle Zutaten werden sofort vermengt.

Milch, in der Hefe aufgelöst wird, sollte unbedingt lauwarm sein, aber keinesfalls zu heiß, weil sonst die Hefepilze abgetötet werden. Im Idealfall hat die Milch Körpertemperatur. Sie kann durch Buttermilch, Sahne oder Wasser (z. B. bei Brot) ersetzt werden.

Zucker lässt die Hefe sich schneller vermehren, zu viel davon macht den Teig jedoch hart. Also den Zucker lieber sparsam verwenden.

Eigelb macht den Hefeteig feinporiger und mürber als ganze Eier. Der Teig kann aber auch ohne Eier zubereitet werden. So enthält klassischer Pizzateig beispielsweise nur Mehl, Hefe, Salz sowie Olivenöl.

Fett: Butter und/oder Pflanzenöl machen den Teig saftiger und länger haltbar. Gebäck, das aus kalorienarmem Teig mit Quark zubereitet wurde, sollte daher noch am Backtag gegessen werden.

Mehlsorten: Mehl für Hefeteig muss genügend Klebereiweiß enthalten, sonst fällt der Teig zusammen. Weizen und Dinkel funktionieren gut und können durch gemahlene Nusskerne, Mandeln oder andere Getreidesorten (etwa Hirse oder Hafer) ergänzt werden.

Das **Ausrollen** von Hefeteig funktioniert am besten auf einer bemehlten Arbeitsfläche. Ist der Teig eher trocken und fest, braucht man die Arbeitsfläche nicht zu bemehlen, dann löst sich der Teig auch so sehr gut.

Hefegebäck, das in **Formen** gebacken wird, wie z. B. Gugelhupf, sollte man noch warm stürzen. Sonst entsteht Kondenswasser, das den Kuchen aufweicht und in der Form kleben lässt.

Möchte man Hefeteig **am Vortag** herstellen, kann man ihn über Nacht im Kühlschrank gehen lassen. Vor dem Backen wieder auf Zimmertemperatur bringen.

Einfrieren ist für Hefeteig kein Problem, dies sollte jedoch vor dem Gehen erfolgen. Der Teig hält sich tiefgekühlt etwa 6 Monate. Vor dem Weiterverarbeiten am besten über Nacht im Kühlschrank auftauen lassen und vor dem Backen auf Zimmertemperatur bringen. Auch fertiges Hefegebäck kann man einfrieren. Zum Auftauen kommt es noch einmal kurz in den Ofen – dann schmeckt es wieder ganz frisch.

Grundteige: Mürbeteig

Mürbeteig ist nicht nur die Grundlage für alle Tartes, sondern auch als Plätzchenteig unentbehrlich. Da er sich bis zu 4 Tage im Kühlschrank hält und auch gut einfrieren lässt, sollte man immer eine Portion oder einen Tarteboden für »Notfälle« und Überraschungsbesuch zur Hand haben.

1 Tarte- oder Springform (Ø 28 cm)

100 g	kalte Butter
50 g	Puderzucker
1/4 TL	gemahlene Vanille
1	Ei, Größe S
220 g	Mehl
1 Prise	Salz

Teig zubereiten

Butter in Stückchen schneiden. Dann mit Puderzucker und Vanille rasch miteinander vermengen. Puderzucker eignet sich am besten, weil er sich in der Butter schneller auflöst. Die Butter sollte nicht schaumig werden, nur geschmeidig. Das Ei dazugeben und weiterrühren.

Mehl und Salz auf einmal hineinschütten. Nur so lange weiterkneten, bis ein geschmeidiger Teig entstanden ist. Wird der Mürbeteig zu lange geknetet, wird er zäh. Der Teig muss weich sein, aber nicht klebrig. Falls er zu brüchig ist, gibt man noch 1 EL Milch oder Wasser dazu. Sollte er zu weich sein, etwas Mehl.

Den Teig zu einer Kugel formen und in Frischhaltefolie wickeln. Vor der Weiterverarbeitung für mindestens 2 Stunden und maximal 4 Tage in den Kühlschrank legen.

Teig ausrollen und die Form auskleiden

Zum Blindbacken den Teig aus dem Kühlschrank nehmen und ohne Folie etwa 20 Minuten bei Zimmertemperatur ruhen lassen. Danach etwa 5 mm dick und etwas größer als die Form zwischen zwei Lagen Frischhaltefolie oder Backpapier ausrollen. So bleibt nichts an der Teigrolle kleben.

Die obere Folie abziehen, die Teigplatte umdrehen und mit der verbliebenen Folie nach oben über die Form legen. Den Teig gleichmäßig in den Boden und Rand der Form hineindrücken. Die obere Folie vorsichtig abziehen. Den überschüssigen Teig entfernen, indem man mit der Teigrolle über den Rand der Tarteform rollt. Um das Absacken des Rands beim Backen zu verhindern, die Form 30 Minuten tiefkühlen.

Teig blindbacken

Nach der Kühlzeit die Tarte mit Backpapier auslegen und getrocknete Hülsenfrüchte einfüllen, um eine Blasenbildung des Teiges beim Backen zu verhindern. Danach im vorgeheizten Ofen (Mitte) bei 200 °C Ober-/Unterhitze oder 180 °C Umluft etwa 16 Minuten backen. Aus dem Ofen nehmen, die Hülsenfrüchte mit einem großen Löffel entfernen und das Papier abziehen.
Einen Boden, der nochmals mit einer Füllung gebacken wird, noch 2 Minuten bei 200 °C backen. Ein Boden, der nach dem Füllen nur gekühlt wird, kommt für weitere 4–5 Minuten in den Ofen.

Mürbeteig- und Tarte-Tipps

Für Tartes am besten Tarteformen mit **Hebeboden** benutzen. Der Hebeboden vereinfacht das Herauslösen der Tarte aus der Form erheblich.

Die Form muss für Mürbeteig **nicht gefettet** werden, denn dieser enthält genug Butter und lässt sich dadurch leicht lösen.

Kommt ein Mürbeteigboden gerade aus dem Ofen, ist er weich. Nach dem Abkühlen kann er sehr schnell brechen. Daher ist es sinnvoll, den **Rand einer Springform** gleich nach dem Backen mit einem Messer vom Kuchenrand zu lösen (ohne den Springformrand zu entfernen).

Den **Hebeboden** einer Tarteform nach dem Herausnehmen aus dem Ofen etwas anheben, um sicherzugehen, dass der Teig nicht am Rand kleben bleibt.

Sollte der Mürbeteig dennoch brechen, an der **Bruchstelle** mit Eiweiß bepinseln und wieder zusammenkleben.

Wird der Boden mit Füllung ein **zweites Mal** gebacken, ist es nicht notwendig, dass er zwischendurch abkühlt: Füllung hineingeben und gleich weiterbacken.

Wird die Tarte mit einer **Cremefüllung** gefüllt, die nicht gebacken wird, muss der Boden vollständig abgekühlt sein.

Passt nicht der ganze **Belag** auf die Tarte, den Rest einfach in ofenfeste Schälchen füllen und mitbacken. Schmeckt, genau wie ungebackene Cremereste, auch als Dessert.

Tartes kann man als Boden oder als fertige Tarte gut **einfrieren;** sie halten sich bis zu 3 Monate. Hat eine Tarte mehrere Schichten, bereitet man die oberste Schicht am besten frisch zu.

Kuchen und Böden aus der Kühltruhe schmecken besonders aromatisch, wenn sie **zum Auftauen** kurz aufgebacken werden, weil sich der Buttergeschmack dann wieder voll entfalten kann.

Bei **Springformen,** in denen der Teig einen höheren Rand bekommen soll, legt man das ausgerollte Teigstück auf den Boden der Springform und schneidet den überschüssigen Teig ab. Dann den Springformrand aufsetzen. Aus dem übrigen Teig dünne Rollen formen, diese innen an den Formrand legen und mit den Fingern hochdrücken. Die mit Teig ausgekleidete Form wird dann wie die Tarteform gekühlt. Das Blindbacken funktioniert ebenfalls wie für die Tarteform beschrieben.

Mürbeteig kann ganz einfach passend zum Belag einer Tarte **variieren.** Die Zubereitung ist im Prinzip immer gleich. Nach dem Zugeben der Eier wird nicht nur das Mehl eingerührt, sondern auch die anderen trockenen Zutaten. Für einen **Mandelmürbeteig** 200 g Mehl und 30 g gemahlene Mandeln verwenden, dabei die Vanille aus dem Grundrezept weglassen. Für einen **Schokoladenmürbeteig** 190 g Mehl und 30 g Kakaopulver verwenden.

Grundteige: Biskuit

Biskuitmassen bestehen aus Eiern, Zucker, Mehl und viel Luft. Es gibt sie in vielen Variationen: mit oder ohne getrennte Eier, kalt oder warm gerührt, mit oder ohne Fett und auch Abwandlungen durch Zugabe von Mandeln, Nusskernen, Kakao oder Schokolade. Ich verwende hauptsächlich zwei Teigvarianten: eine ohne getrennte Eier und eine mit. Beim klassischen Wiener Biskuit bekommt der Teig durch das Aufschlagen über dem Wasserbad noch mehr Luft und Stand.

1 Springform (Ø 26 cm)

50 g	Butter, plus mehr für die Form
5	Eier, Größe L
1	Eigelb, Größe L
150 g	Zucker
¼ TL	gemahlene Vanille
1 Prise	Salz
150 g	Mehl

Grundrezept 1: Zunächst den Backofen auf 200 °C Ober-/Unterhitze vorheizen. Den Springformboden mit Butter einfetten. Die Butter zerlassen. Eier, Eigelb, Zucker, Vanille und Salz mit dem Handrührgerät schaumig schlagen. Es ist wichtig, die Eier so lange zu schlagen, bis sie nicht mehr an Volumen zunehmen. Die Masse sollte hellgelb und luftig sein. Das Mehl darübersieben und vorsichtig unterheben. Zerlassene Butter unterziehen. Den Teig in der Springform glatt streichen. Im Ofen (Mitte) etwa 20 Minuten backen. Herausnehmen, abkühlen lassen und dann erst aus der Springform lösen.

Grundrezept 2 mit getrennten Eiern: Den Backofen auf 180 °C Ober-/Unterhitze vorheizen. Den Springformboden mit Butter einfetten. Die Butter zerlassen. Das Mehl zweimal sieben. Die Eier trennen. Dann die Eigelbe mit 75 g Zucker und der Vanille mit dem Handrührgerät schaumig schlagen. Eiweiße mit dem Salz steif schlagen, dabei den restlichen Zucker (75 g) einrieseln lassen und weiterschlagen, bis ein glänzender Eischnee entstanden ist. Das Mehl und ein Drittel des Eischnees unter die Eigelbmasse rühren, danach die zerlassene Butter. Den restlichen Eischnee vorsichtig unterheben. Den Teig in der Springform glatt streichen. Im Ofen (Mitte) etwa 20 Minuten backen. Herausnehmen, abkühlen lassen und dann erst aus der Springform lösen.

Grundrezept 3 Wiener Biskuit: Den Backofen auf 180 °C Ober-/Unterhitze vorheizen. Den Springformboden mit Butter einfetten. Butter, Eier, Eigelb und Zucker in einer Metallschüssel über dem Wasserbad mit dem Handrührgerät etwa 5 Minuten aufschlagen, bis eine helle Creme entstanden ist. Die Masse darf dabei aber nur handwarm werden. Anschließend die Creme wieder kalt schlagen und erst dann das gesiebte Mehl, Vanille und Salz unterheben. Den Teig in der Springform glatt streichen. Im Ofen (Mitte) etwa 20 Minuten backen. Herausnehmen, abkühlen lassen und dann erst aus der Springform lösen.

Biskuit-Tipps

Wichtig ist, dass beim Anrühren des Biskuits viel **Luft** hineingeschlagen wird, entweder durch das Schlagen der Eier über dem **Wasserbad** (s. S. 19) oder durch das getrennte Aufschlagen von Eiweiß und Eigelb. Je mehr Eier, desto luftiger wird die Masse.

Die anderen Zutaten werden nicht miteinander verrührt, sondern vorsichtig durch das **Unterheben** miteinander vermengt. Beim Rühren würde die vorher in die Eier eingeschlagene Luft sonst wieder entweichen.

Klassischer **Wiener Biskuit** wird warm geschlagen, ist sehr feinporig, und der Zucker kann sich in der warmen Eiermasse bestens auflösen. Diese Biskuitvariante hat eine glatte Oberfläche und ist etwas fester als kalt geschlagener Biskuit.

Biskuitmassen sollten sofort gebacken werden, sonst verflüssigt sich der Eierschaum und die Masse verliert an Fülle.

Beim Backen dehnt sich die Luft aus und das **Volumen** des Kuchens vergrößert sich stark.

Biskuitböden lassen sich **am Tag nach dem Backen** besser schneiden, weil sie dann nicht mehr so bröseln.

Biskuit eignet sich sehr gut für **Torten** mit Cremefüllung. Die luftige Konsistenz harmoniert hervorragend mit lockeren Cremes. Der Biskuit wird dafür meist in einer Springform gebacken und dann quer halbiert oder gedrittelt, um ihn zu füllen. Die Form wird dafür nur am Boden gefettet oder mit Backpapier belegt, denn den Rand braucht die Masse als Halt und zum »Hochklettern« während des Backens.

Auch als **Biskuitrolle** schmeckt der luftig-leichte Kuchen wunderbar. Er wird außerdem sehr gerne für **Obstkuchen** verwendet.

Muffins & kleines Gebäck

Apfel-Muffins mit Walnussstreuseln

1 Muffinblech mit 24 kleinen Mulden
24 Mini-Papierförmchen

Ergibt 24 Stück

Für die Muffins

120 g	Mehl
20 g	Speisestärke
1 TL	Backpulver
1 Prise	Salz
125 g	weiche Butter
100 g	Zucker
¼ TL	gemahlene Vanille
2	Eier, Größe L
100 g	Sauerrahm

Für den Belag

50 g	Walnusskerne
30 g	Zucker
1 TL	Melasse (s. Tipp S. 87)
1 TL	gemahlener Zimt
¼ TL	gemahlene Vanille
1 Prise	Salz
20 g	Mehl
25 g	kalte Butter
2	Äpfel

Für den Teig Mehl, Speisestärke, Backpulver und Salz in eine Schüssel sieben. Die Butter in einer Schüssel mit dem Handrührgerät auf höchster Stufe schaumig schlagen, dann Zucker und Vanille dazugeben. Die Eier einzeln gut unterrühren. Die Mehlmischung abwechselnd mit dem Sauerrahm bei niedriger Geschwindigkeit in die Buttermasse rühren.

Für die Streusel Walnusskerne grob hacken und mit Zucker, Melasse, Zimt, Vanille, Salz, Mehl und der kalten Butter in Flöckchen mit den Händen rasch zu Streuseln verkneten. Den Backofen auf 175 °C Ober-/Unterhitze vorheizen. Die Mulden des Muffinblechs mit den Papierförmchen auslegen und den Teig hineingeben.

Die Äpfel schälen, vierteln, das Kerngehäuse entfernen und das Fruchtfleisch in kleine Würfel schneiden. Apfelwürfel auf dem Teig verteilen, die Streusel darübergeben. Muffins im Ofen (Mitte) etwa 30–35 Minuten backen. Eine Garprobe durchführen (s. S. 16). Muffins herausnehmen und abkühlen lassen.

Tipp:

Die Teigmenge reicht auch für ein Muffinblech mit 12 größeren Mulden.

Gefüllte Minzmuffins mit Schokosauce

1 Muffinblech mit 12 Mulden
1 Spritzbeutel mit Lochtülle (Ø 10 mm)

Ergibt 12 Stück

Für die Minzmuffins

125 g	Schokolade (60–70 % Kakaoanteil)
120 g	weiche Butter, plus mehr für die Form
200 g	Zucker
¼ TL	gemahlene Vanille
4	Eier, Größe L
120 g	Mehl
¼ TL	Pfefferminzöl (aus der Apotheke)
1 EL	Bourbon-Whiskey (nach Belieben)

Für die Minzfüllung

250 g	Doppelrahmfrischkäse
100 g	Zucker
120 g	Mascarpone
1 EL	Schlagsahne
8 Tropfen	Pfefferminzöl (aus der Apotheke)

Für die Schokosauce

80 g	Schlagsahne
1 TL	Zucker
25 g	Butter
80 g	Schokolade (60–70 % Kakaoanteil)
1 EL	Bourbon-Whiskey (nach Belieben)

frische Minzblättchen zum Anrichten

Den Backofen auf 180 °C Ober-/Unterhitze vorheizen. Die Mulden des Muffinblechs mit Butter einfetten. Die Schokolade hacken, in eine Metallschüssel geben und über dem Wasserbad schmelzen (s. S. 18–19). Herunternehmen und etwas abkühlen lassen.

In einer Schüssel Butter, Zucker und Vanille mit dem Handrührgerät schaumig schlagen. Die Eier einzeln einrühren. Geschmolzene Schokolade, Mehl, Pfefferminzöl und nach Belieben den Bourbon nacheinander unterrühren. Den Teig in die Mulden des Muffinblechs geben. Im Ofen (Mitte) etwa 20 Minuten backen. Herausnehmen und etwas abkühlen lassen. Dann die Muffins aus den Mulden lösen und vollständig abkühlen lassen.

Für die Minzfüllung alle Zutaten in eine Schüssel geben und glatt rühren. Für die Schokosauce Sahne, Zucker und Butter in einen Topf geben und aufkochen. Die Schokolade hacken und in eine Schüssel geben, die heiße Sahnemischung darübergießen. 1 Minute ruhen lassen und dann verrühren, bis die Schokolade geschmolzen ist. Nach Belieben den Bourbon unterrühren. Eventuell direkt vor dem Servieren noch einmal vorsichtig erwärmen, falls die Sauce zu fest ist.

Die Muffins quer halbieren. Die Minzfüllung in den Spritzbeutel füllen und die unteren Hälften damit bespritzen. Die oberen Hälften auflegen und ebenfalls dekorativ mit der Creme bespritzen. Je einen Muffin auf einen Dessertteller setzen und die Schokoladensauce darübergeben. Mit Minzblättchen anrichten und sofort servieren.

Apfel-Cupcakes

1 Muffinblech mit 12 Mulden
12 Papierförmchen
1 Spritzbeutel mit Sterntülle (Ø 12 mm)

Ergibt 12 Stück

Für die Cupcakes

120 g	Mehl
1 TL	gemahlener Zimt
¼ TL	gemahlene Muskatnuss
¼ TL	gemahlene Vanille
1 TL	Natron
¼ TL	Salz
2	Eier, Größe L
140 g	Zucker
2 TL	Melasse (s. Tipp S. 87)
140 ml	Sonnenblumenöl
300 g	Äpfel
100 g	Walnusskerne

Für die Dekoration

360 g	Doppelrahmfrischkäse (zimmerwarm)
120 g	Puderzucker
80 g	weiche Butter

gemahlener Zimt

Den Backofen auf 175 °C Ober-/Unterhitze vorheizen. Für die Cupcakes Mehl, Zimt, Muskat, Vanille, Natron und Salz in eine Schüssel sieben. Eier, Zucker und Melasse in eine zweite Schüssel geben und mit dem Handrührgerät schaumig schlagen. Zuerst das Öl untermischen, dann die Mehlmischung einrühren.

Äpfel schälen, vierteln, Kerngehäuse entfernen und das Fruchtfleisch fein würfeln. Walnusskerne hacken. Beides unter den Teig heben. Die Mulden des Muffinblechs mit den Papierförmchen auslegen und den Teig hineingeben. Im Ofen (Mitte) etwa 20–25 Minuten backen. Herausnehmen und abkühlen lassen.

Für die Dekoration Frischkäse und Puderzucker glatt rühren. Die weiche Butter portionsweise nach und nach einrühren. Die Creme in den Spritzbeutel füllen und dekorativ auf die Cupcakes spritzen. Zuletzt die Cupcakes mit etwas Zimt bestäuben. Nach Belieben mit echten kleinen Kerzen oder gebackenen Mürbeteigkerzen verzieren.

Zitronen-Cupcakes

1 Muffinblech mit 12 Mulden
12 Papierförmchen
1 Spritzbeutel mit Lochtülle (Ø 12 mm)

Ergibt 12 Stück

Für die Cupcakes
120 g weiche Butter
180 g Zucker
¼ TL gemahlene Vanille
2 Eier, Größe L
200 g Mehl
1½ TL Backpulver
¼ TL Salz
120 g Sauerrahm

Für das Lemon Curd
3 Eier, Größe L
150 g Zucker
abgeriebene Schale von 1 Bio-Zitrone
80 ml Zitronensaft
60 g kalte Butter

Für die Dekoration
200 g Schlagsahne
3 EL Limoncello (nach Belieben)
gelbe Zuckerperlen

Tipp:

Übriges Lemon Curd heiß in sterilisierte Gläser abfüllen, es hält sich so etwa 3 Wochen im Kühlschrank. Lemon Curd schmeckt als Brotaufstrich, auf Pfannkuchen, zu Eis oder als Füllung für andere Kuchen.

Den Backofen auf 175 °C Ober-/Unterhitze vorheizen. Für die Cupcakes die Butter mit Zucker und Vanille in einer Schüssel mit dem Handrührgerät schaumig schlagen, dann die Eier einzeln gründlich unterrühren.

Das Mehl mit Backpulver und Salz in eine Schüssel sieben und abwechselnd mit dem Sauerrahm in die Buttermasse rühren. Die Mulden des Muffinblechs mit den Papierförmchen auslegen und den Teig hineingeben. Im Ofen (Mitte) etwa 25 Minuten backen. Herausnehmen und abkühlen lassen.

Für das Lemon Curd Eier, Zucker, Zitronenschale und -saft in einer Metallschüssel mit einem Schneebesen verrühren. Die Schüssel über dem Wasserbad (s. S. 19) unter Rühren so lange erwärmen (auf etwa 75 °C), bis eine dickliche Creme entsteht. Vom Wasserbad nehmen und die Creme durch ein Sieb passieren. Dann die Butter in Flöckchen einrühren, bis sie geschmolzen ist.

Die Oberfläche sofort mit Frischhaltefolie direkt auf der Creme abdecken oder mit Puderzucker bestäuben, damit sich keine Haut bildet. Anschließend abkühlen lassen.

Für die Dekoration mit einem Löffel oder Kugelausstecher aus den Muffins jeweils oben ein Loch ausstechen und mit etwas Lemon Curd füllen. Die Sahne steif schlagen und nach Belieben den Limoncello unterheben. Sahne in den Spritzbeutel füllen und auf die Cupcakes spritzen. Zuletzt die Cupcakes mit den Zuckerperlen verzieren.

Rübli-Cupcakes

1 Muffinblech mit 12 Mulden
12 Papierförmchen
1 Spritzbeutel mit Lochtülle (Ø 12 mm)

Ergibt 12 Stück

Für die Cupcakes

2	Eier, Größe L
150 g	Zucker
¼ TL	gemahlene Vanille
120 g	Mehl
2 TL	Backpulver
1 Prise	Salz
1 TL	gemahlener Ingwer
½ TL	gemahlener Zimt
½ TL	gemahlener Kardamom
160 g	Karotten
60 g	Walnusskerne
100 ml	Sonnenblumenöl

Für die Dekoration

220 g	Doppelrahmfrischkäse (zimmerwarm)
60 g	Puderzucker
160 g	Schlagsahne
¼	Karotte, grob geraspelt
Zuckerperlen	

Den Backofen auf 175 °C Ober-/Unterhitze vorheizen. Für die Cupcakes die Eier mit Zucker und Vanille in einer Schüssel mit dem Handrührgerät schaumig schlagen.

Das Mehl mit Backpulver, Salz, Ingwer, Zimt und Kardamom mischen. Karotten schälen, putzen und fein reiben. Walnusskerne hacken. Mehlmischung in die Eiermasse rühren. Dann Öl, Karotten und Walnüsse untermischen. Die Mulden des Muffinblechs mit den Papierförmchen auslegen und den Teig hineingeben. Im Ofen (Mitte) etwa 20–25 Minuten backen. Herausnehmen und abkühlen lassen.

Für die Dekoration Frischkäse und Puderzucker glatt rühren. Die Sahne steif schlagen und unterheben. Die Creme in den Spritzbeutel füllen und damit kleine Häubchen auf die Cupcakes aufspritzen. Falls die Creme zu weich ist, kurz in den Kühlschrank stellen. Zuletzt die Cupcakes mit Karottenraspeln und Zuckerperlen verzieren.

Mini-Gugelhupfe

Etwa 20 Mini-Gugelhupf-Formen (Ø 4 cm)

Ergibt etwa 20 Stück

80 g	Butter, plus mehr für die Formen
70 g	Puderzucker
¼ TL	gemahlene Vanille
1	Ei, Größe L
50 g	Schlagsahne
100 g	Mehl
1 Prise	Salz

Den Backofen auf 200 °C Ober-/Unterhitze vorheizen. In der Zwischenzeit die Mini-Gugelhupf-Formen mit Butter einfetten.

Butter, Puderzucker und Vanille mit dem Handrührgerät schaumig schlagen, dann das Ei einrühren. Sahne steif schlagen und unterheben. Das Mehl und das Salz über die Masse sieben und alles schnell verrühren, bis ein homogener Teig entstanden ist. Die Gugelhupf-Formen bis zum Rand mit dem Teig füllen. im Ofen (Mitte) etwa 14 Minuten backen. Herausnehmen und abkühlen lassen.

Himbeer-Orangen-Gugelhupfe
Mit dem Mehl die abgeriebene Schale von 1 Bio-Orange, 70 g Himbeeren und 1 EL Grand Marnier in den Teig einarbeiten.

Johannisbeer-Marzipan-Gugelhupfe
Mit dem Mehl 50 g Johannisbeeren, 50 g Marzipanrohmasse in kleinen Würfeln und 1 EL Amaretto unter den Teig ziehen.

Strudelnester mit frischen Beeren

1 Muffinblech mit 24 kleinen Mulden

Ergibt 24 Stück

Für die Strudelnester

60 g	Strudelteig
40 g	Butter, plus mehr für die Form
4 EL	Puderzucker

Für die Füllung

1	Vanilleschote
125 ml	Milch
1 EL	Speisestärke
75 g	Schlagsahne
3 TL	Zucker
1	Eigelb, Größe L
250 g	gemischte Beeren nach Saison

Den Backofen auf 175 °C Ober-/Unterhitze vorheizen. Die Mulden des Muffinblechs mit Butter einfetten und mit dünnen Streifen Backpapier auslegen, sodass man die Nester nach dem Backen an den Backpapierenden herausheben kann. Den Strudelteig in 48 Quadrate (7 × 7 cm) schneiden. Gleich danach abdecken, weil der Teig schnell eintrocknet.

Butter zerlassen. Jeweils ein Strudelteigquadrat mit der flüssigen Butter bepinseln und mit Puderzucker bestäuben. Ein zweites Strudelteigquadrat darauflegen, ebenfalls mit Butter bepinseln und mit Puderzucker bestäuben. Die doppelten Teigquadrate in die Mulden des Muffinblechs legen und am Rand andrücken. Im Ofen (Mitte) etwa 8–10 Minuten backen. Herausnehmen und abkühlen lassen.

Für die Füllung die Vanilleschote längs halbieren. Milch und Vanilleschote in einen Topf geben und aufkochen. Vom Herd nehmen, Vanilleschote entfernen. Speisestärke, Sahne, Zucker und Eigelb glatt rühren. Milchmischung unter die Sahnemischung rühren. Alles wieder in den Topf gießen und erneut unter ständigem Rühren aufkochen lassen, bis die Creme etwas eindickt. Den Topf vom Herd nehmen und die Creme auf die gebackenen Nester verteilen. Abkühlen lassen. Beeren abbrausen, trocken tupfen und darauf verteilen. Sofort servieren.

Brownies

1 ofenfeste Form (20 × 20 cm)

Ergibt etwa 10 Stück

125 g	Schokolade (60–70 % Kakaoanteil)
110 g	Butter
200 g	Zucker
¼ TL	gemahlene Vanille
3	Eier, Größe L
80 g	Mehl
¼ TL	Salz

Den Backofen auf 160 °C Ober-/Unterhitze vorheizen. Die Form mit Backpapier auslegen. Schokolade hacken und mit der Butter in eine Metallschüssel geben, über dem Wasserbad (s. S. 18–19) schmelzen. Herunternehmen, Zucker und Vanille einrühren. Masse etwas abkühlen lassen. Mit einem Schneebesen nacheinander Eier, Mehl und Salz einrühren. Teig in die Form füllen, im Ofen (Mitte) etwa 30 Minuten backen. Herausnehmen und auf einem Kuchengitter abkühlen lassen. Zum Servieren in Rechtecke schneiden.

Brownies mit Schokoladensahne
Brownies wie oben beschrieben backen. Dann 100 g Schlagsahne aufkochen und über 100 g gehackte Schokolade (60–70 % Kakaoanteil) gießen, 1 Minute ruhen lassen und dann umrühren, bis die Schokolade geschmolzen ist. 1 TL weiche Butter dazugeben und ebenfalls schmelzen lassen. Die Schokoladensahne auf dem abkühlten Browie-Boden verteilen. Zum Servieren in Rechtecke schneiden.

Brownies mit Marshmallow-Nuss-Knusper
Brownies wie links beschrieben backen und nach 25 Minuten Backzeit herausnehmen. Mit 100 g Schokoladentropfen, 150 g Mini-Marshmallows und 60 g gehackten Nusskernen nach Geschmack bestreuen. Weitere 5 Minuten backen, bis die Marshmallows zu schmelzen beginnen. Herausnehmen und auf einem Kuchengitter abkühlen lassen. Zum Servieren in Rechtecke schneiden (Foto, links).

Nusskaramell-Brownies
Brownies wie links beschrieben backen. Kurz vor Ende der Backzeit 120 g Schlagsahne in einem kleinen Topf erwärmen. In einem großen Topf 225 g Zucker, 5 TL Wasser, ¼ TL Vanille und ¼ TL Salz unter Rühren aufkochen. Etwa 5 Minuten, ohne zu rühren, köcheln lassen, bis der Zucker hellbraun karamellisiert ist. Danach die warme Sahne dazugeben – Achtung, wallt stark auf! 200 g ganze Walnusskerne oder Pekannüsse einrühren. Den Nusskaramell auf dem noch warmen Brownie-Boden verteilen. Zum Servieren in Rechtecke schneiden (Foto, Mitte).

Frischkäse-Brownies
Den Backofen auf 160 °C Ober-/Unterhitze vorheizen. 250 g Frischkäse, 75 g Zucker und ¼ TL gemahlene Vanille glatt rühren, dann 1 Ei unterrühren. Brownieteig wie links beschrieben zubereiten. Drei Viertel des Brownie-Teiges in eine gefettete, ofenfeste Form (20 × 26 cm) füllen. Die Frischkäsemasse auf den Teig geben und glatt streichen. Restlichen Teig in kleinen Klecksen auf dem Frischkäse verteilen. Mit einem Messer durch beide Massen fahren, sodass eine leichte Marmorierung entsteht. Im Ofen (Mitte) etwa 30 Minuten backen. Herausnehmen und auf einem Kuchengitter abkühlen lassen. Zum Servieren in Rechtecke schneiden (Foto, rechts).

Müsliriegel

Ergibt 16 Stück

100 g	kernige Haferflocken
20 g	Sonnenblumenkerne
20 g	Kürbiskerne
20 g	Pinienkerne
20 g	Walnusskerne, gehackt
20 g	Mandelkerne, gehackt
20 g	Haselnusskerne, gehackt
30 g	Butter
70 g	brauner Zucker
60 g	Honig
1 Prise	Salz

Haferflocken, Sonnenblumenkerne, Kürbis-, Pinien-, Walnuss-, Mandel- und Haselnusskerne in einer Pfanne ohne Fett etwas anrösten, damit sich die Aromen besser entfalten. Butter, braunen Zucker, Honig und Salz in einen Topf geben. Langsam unter Rühren erhitzen, bis sich der Zucker aufgelöst hat.

Die Körner-Nuss-Mischung dazugeben. Rühren, bis alles gut vermengt ist. Masse auf ein Stück Backpapier geben und ein zweites Stück Backpapier darauflegen. Mit einem Nudelholz zu einer 5 mm dicken Platte von etwa 20 × 24 cm Größe ausrollen. Nach 10 Minuten in 10 × 3 cm große Riegel schneiden.

Tipp:

Für die trockene Mischung eignen sich auch fertige Müslimischungen oder nach Belieben gemischte Müslizutaten.

Früchte-Nuss-Riegel

1 ofenfeste Form (20 × 20 cm)

Ergibt 12 Stück

50 g	Mehl
¼ TL	Backpulver
¼ TL	Salz
150 g	Haselnusskerne (oder Walnusskerne), gehackt
150 g	getrocknete Aprikosen, grob gehackt
70 g	getrocknete Kirschen
70 g	getrocknete Cranberrys
1	Ei, Größe L
75 g	brauner Zucker
¼ TL	gemahlene Vanille

Den Backofen auf 160 °C Ober-/Unterhitze vorheizen. Die Form mit Backpapier auslegen. Mehl, Backpulver, Salz, Nusskerne, Aprikosen, Kirschen und Cranberrys in einer Schüssel gut vermischen. Das Ei mit dem Zucker und der Vanille mit dem Handrührgerät aufschlagen, bis eine helle Creme entstanden ist. Nuss-Frucht-Mischung unterrühren.

Den Teig in die vorbereitete Form geben und etwas festdrücken. Im Ofen (Mitte) etwa 30 Minuten backen. Mit dem Backpapier aus der Form heben und mit einem Wellenschliffmesser in Riegel schneiden.

Mini-Schweineohren

Ergibt etwa 30 Stück

1 Rolle	Fertig-Blätterteig (275 g)
40 g	Butter
6 EL	Zucker

Tipp:

Wer mag, verwendet aromatisierten Zucker zum Bestreuen, z. B. Orangen- oder Zimtzucker.

Blätterteig ausrollen und quer halbieren. Butter zerlassen und beide Teighälften damit bepinseln, mit dem Zucker bestreuen. Die Platten von beiden kurzen Seiten her zur Mitte aufrollen, sodass sich die Rollen in der Mitte treffen. In Frischhaltefolie wickeln und für 30 Minuten in den Tiefkühler legen.

Den Backofen auf 190 °C Ober-/Unterhitze vorheizen. Ein Backblech mit Backpapier belegen. Blätterteig aus der Folie lösen und mit einem Wellenschliffmesser in 1 cm dicke Scheiben schneiden, diese auf das Backblech legen. Im Ofen (Mitte) in etwa 12 Minuten goldbraun backen. Herausnehmen und abkühlen lassen.

Löffelbiskuits

1 Spritzbeutel mit Lochtülle (Ø 13 mm)

Ergibt etwa 60 Stück

4	Eier, Größe L
110 g	Zucker
1 Prise	Salz
100 g	Mehl
30 g	Speisestärke
2 EL	Puderzucker

Den Backofen auf 180 °C Ober-/Unterhitze vorheizen. Ein Backblech mit Backpapier belegen. Eier trennen. Eigelbe mit 60 g Zucker mit dem Handrührgerät aufschlagen, bis eine helle Creme entstanden ist. Eiweiße mit dem Salz steif schlagen. Restlichen Zucker (50 g) einrieseln lassen und weiterschlagen, bis eine feste, glänzende Masse entstanden ist.

Ein Drittel des Eischnees unter die Eigelbmischung rühren, dann Mehl und Speisestärke darübersieben und unterziehen. Restlichen Eischnee unterheben. Teig in den Spritzbeutel füllen und Streifen von etwa 8 cm Länge auf das Backpapier spritzen. Mit Puderzucker bestäuben. Im Ofen (Mitte) in etwa 12–14 Minuten nicht zu dunkel backen. Herausnehmen und abkühlen lassen.

Cookies mit Schokoladen- und Nussstückchen

Ergibt 40–50 Stück

225 g	weiche Butter
160 g	brauner Zucker
160 g	Zucker
¼ TL	gemahlene Vanille
2	Eier, Größe L
300 g	Mehl
1½ TL	Backpulver
½ TL	Salz
280 g	Schokoladenchips
100 g	Nusskerne, gehackt (z. B. Walnusskerne oder Pekannüsse)

Butter mit braunem Zucker, Zucker und Vanille mit dem Handrührgerät schaumig schlagen. Eier einzeln gut einrühren. Mehl mit Backpulver und Salz in eine Schüssel sieben. Zur Butter-Ei-Masse geben und alles zu einem homogenen Teig rühren. Schokoladenchips und Nusskerne unter den Teig heben. Den Teig mindestens 1–2 Stunden (bis zu 3 Tage möglich) im Kühlschrank ruhen lassen, dann lässt er sich besser verarbeiten.

Den Backofen auf 180 °C Ober-/Unterhitze vorheizen. Ein Backblech mit Backpapier belegen. Aus dem gekühlten Teig kleine Kugeln formen und auf das Backpapier legen oder mithilfe von zwei Löffeln kleine Portionen daraufsetzen, dabei etwas Abstand lassen. Im Ofen (Mitte) etwa 12–14 Minuten backen. Herausnehmen und auf einem Kuchengitter abkühlen lassen.

Tipp:

Am schnellsten gelingen die Cookies, wenn man mit einem Eiskugelportionierer Kugeln formt. Das hat außerdem den Vorteil, dass die Kekse gleich groß werden.

HAPPY HAPPY JOY
SAFE KEEPING

Mandelbrot

2 Kastenformen (à 24 × 10 cm)

Ergibt etwa 80 Scheiben

200 g	blanchierte Mandelkerne
200 g	Eiweiß (von etwa 6 Eiern, Größe L)
1 Prise	Salz
200 g	Zucker
6 Tropfen	Bittermandelöl
270 g	Mehl
1 Prise	gemahlene Vanille

Den Backofen auf 200 °C Ober-/Unterhitze vorheizen. Ein Backblech mit Backpapier belegen. Blanchierte Mandelkerne auf dem Backblech verteilen und im Ofen (Mitte) 3–5 Minuten rösten. Das Blech herausnehmen, die Ofentemperatur auf 180 °C Ober-/Unterhitze reduzieren und die Mandeln abkühlen lassen.

Die Kastenformen mit Backpapier auslegen. Eiweiße mit Salz steif schlagen und dabei den Zucker einrieseln lassen. Weiterschlagen, bis ein glänzender Schnee entstanden ist und der Zucker sich aufgelöst hat.

Bittermandelöl auf den Eischnee geben. Mehl, geröstete Mandeln und Vanille mischen und mit einem Spatel unter den Eischnee ziehen. Dann die Masse auf die beiden Kastenformen verteilen. Im Ofen (Mitte) etwa 40 Minuten backen. Der Teig darf innen nicht mehr flüssig sein.

Die Mandelbrote etwas abkühlen lassen und mit dem Backpapier aus den Formen heben. Das Backpapier abziehen und die Brote vollständig abkühlen lassen.

Die Ofentemperatur auf 160 °C Umluft reduzieren. In der Zwischenzeit die Mandelbrote vorsichtig in Scheiben von etwa 5 mm Dicke schneiden. Das geht am besten mit einer Brotschneidemaschine. Zwei bis drei Backbleche mit Backpapier belegen und die Scheiben darauf verteilen. Zusammen noch einmal 20–25 Minuten backen, bis das Mandelbrot schön knusprig ist. Herausnehmen und abkühlen lassen.

Glückskekse

Ergibt etwa 48 Stück

100 g	Butter
100 g	Eiweiß (von etwa 3 Eiern, Größe L)
1 Prise	Salz
250 g	Puderzucker
120 g	Mehl
50 g	gemahlene Mandeln
120 ml	Milch

Zunächst etwa 48 kleine Zettelchen mit Weisheiten, Glückwünschen oder anderen Botschaften bereitlegen. Den Backofen auf 175 °C Ober-/Unterhitze vorheizen.

Die Butter zerlassen. Eiweiße schaumig, aber nicht steif schlagen. Anschließend mit Salz, Puderzucker und Butter glatt rühren. Danach Mehl und Mandeln unterrühren. Milch dazugeben. Der Teig sollte nicht zu flüssig sein, sich dennoch leicht auf Backpapier verteilen lassen. Ein Backblech mit Backpapier belegen.

Immer nur sechs Glückskekse auf einmal backen, da sie sonst nach dem Backen nicht schnell genug geformt werden können: Dazu jeweils 1 TL Teig auf das Backpapier geben und zu einem Kreis (Ø 8 cm) verstreichen. Im Ofen (Mitte) etwa 10 Minuten backen, bis die Ränder leicht gebräunt sind. Die Backofentür öffnen und die Zettel möglichst noch im Ofen auf den Keksen verteilen. Die Kekse sogleich zuklappen und z. B. über einen Becherrand hängen, damit sie die typische Glückskeksform bekommen. Das alles muss sehr schnell gehen, denn die Kekse werden sofort hart! Kekse abkühlen lassen.

Genug ist

Crinkle Cookies

Ergibt etwa 50 Stück

60 g	Butter
220 g	Schokolade (60–70 % Kakaoanteil)
100 g	Zucker
2	Eier, Größe L
¼ TL	gemahlene Vanille
200 g	Mehl
¼ TL	Salz
½ TL	Backpulver
100 g	Puderzucker

Butter klein würfeln und die Schokolade hacken. Beides in eine Metallschüssel geben und über dem Wasserbad (s. S. 18–19) schmelzen. Dann herunternehmen und auf Zimmertemperatur abkühlen lassen.

Zucker und Eier mit dem Handrührgerät aufschlagen, bis eine helle Creme entstanden ist. Vanille und die abgekühlte Schokoladenmischung einrühren. Mehl, Salz und Backpulver vermischen und untermengen. Den Teig abgedeckt 2 Stunden oder über Nacht (bis zu 4 Tage) im Kühlschrank ruhen lassen.

Teig aus dem Kühlschrank nehmen. Den Backofen auf 170 °C Ober-/Unterhitze vorheizen. Ein Backblech mit Backpapier belegen. Puderzucker auf einen Teller sieben. Aus dem Teig walnussgroße Kugeln formen, im Puderzucker wälzen und auf das Backblech legen. Im Ofen (Mitte) etwa 8–10 Minuten backen. Herausnehmen und abkühlen lassen.

Limettenkipferl

Ergibt etwa 40 Stück

Für den Teig
200 g kalte Butter
120 g Zucker
abgeriebene Schale von 2 Bio-Limetten
2 Eigelb, Größe L
100 g gemahlene Mandeln
300 g Mehl
1 Prise Salz

Für den Limettenzucker
75 g Zucker
75 g Puderzucker
abgeriebene Schale von 2 Bio-Limetten

Für den Teig Butter in Flöckchen mit Zucker und Limettenschale in einer Schüssel mit dem Handrührgerät verrühren. Die Eigelbe untermengen und anschließend nacheinander Mandeln, Mehl und Salz hinzufügen. Nicht zu lange rühren, sonst wird die Butter zu weich, und die Kipferl werden nicht so schön mürbe. Den Teig anschließend mit den Händen zu Rollen (Ø 2–3 cm) formen, diese jeweils in Frischhaltefolie wickeln und mindestens 2 Stunden im Kühlschrank ruhen lassen.

Den Backofen auf 180 °C Ober-/Unterhitze vorheizen. Ein Backblech mit Backpapier belegen. Von den Rollen 1 cm dicke Scheiben abschneiden und daraus Kipferl formen: Teigscheiben zwischen den Handflächen rollen, Rolle auf ein Blech legen und die Enden nach unten biegen. Im Ofen (Mitte) etwa 12 Minuten backen.

Für den Limettenzucker alle Zutaten auf einem Teller vermischen. Beiseitestellen. Kipferl herausnehmen, 1–2 Minuten ruhen lassen und dann im Limettenzucker wälzen. Die Kipferl müssen noch heiß sein, damit der Zucker haften bleibt. Jedoch sind sie sehr zerbrechlich, daher vorsichtig arbeiten. Die Kipferl abkühlen lassen.

Tipp:

Wem das Kipferlformen zu mühsam ist, der kann die von den Rollen abgeschnittenen Scheiben auch so auf das Blech legen, backen und anschließend in der Zuckermischung wälzen. Der Limettenzucker wird geschmacklich intensiver, je früher er zubereitet wird – das kann ruhig ein paar Tage vorher sein.

Gewürzblätter

Ergibt etwa 50 Stück

150 g	weiche Butter
100 g	Zucker
3 EL	Melasse (s. Tipp S. 87, oder Zuckerrübensirup)
250 g	Mehl
1 TL	gemahlener Ingwer
1 TL	gemahlener Zimt
½ TL	gemahlene Gewürznelken
½ TL	gemahlene Muskatnuss
½ TL	Natron
1 Prise	Salz
5 EL	Mandelblättchen

Butter, Zucker, Melasse und 1 EL kaltes Wasser mit dem Handrührgerät gut verrühren. Mehl mit Gewürzen, Natron und Salz vermischen und unter die Buttermischung kneten, bis sich eine geschmeidige Masse gebildet hat. Den Teig zu einer Kugel formen, anschließend in Frischhaltefolie wickeln und mindestens 1 Stunde im Kühlschrank ruhen lassen.

Teig aus dem Kühlschrank nehmen und vor dem Ausrollen etwa 20 Minuten bei Zimmertemperatur ruhen lassen. Inzwischen den Backofen auf 180 °C Ober-/Unterhitze vorheizen. Einen Bogen Backpapier mit den Mandelblättchen bestreuen und den Teig darauf etwa 2–3 mm dünn ausrollen. Ein Backblech mit Backpapier belegen.

Mit einem Pizzaschneider oder Messer Rechtecke (à 5 × 4 cm) aus dem Teig schneiden und diese mit der Mandelseite nach oben auf das Backpapier legen (das geht am besten mit einer Palette). Im Ofen (Mitte) etwa 6–8 Minuten backen. Herausnehmen und abkühlen lassen.

Tipp:

Wenn der Teig ausgerollt ist, wird er etwas wärmer und weicher. Wenn es dadurch Schwierigkeiten gibt, die Kekse von der Arbeitsplatte auf das Blech zu bekommen, die fertig ausgerollte Teigplatte noch einmal kurz in den Kühlschrank stellen.

Gefüllte Rhabarberplätzchen

Ergibt etwa 60 Stück

Für den Teig

250 g	weiche Butter
140 g	Puderzucker
220 g	Mehl
1 Prise	Salz
70 g	Vanillepuddingpulver

Für die Füllung

250 g	Rhabarber
90 g	Zucker
125 ml	Milch
20 g	Vanillepuddingpulver
5 g	Puderzucker

Den Backofen auf 160 °C Ober-/Unterhitze vorheizen. Ein Backblech mit Backpapier belegen. Für den Teig die Butter mit dem Puderzucker mit dem Handrührgerät schaumig schlagen. Mehl, Salz und Puddingpulver darübersieben. Alles zu einem festen Teig verarbeiten. Aus dem Teig walnussgroße Kugeln formen und mit genügend Abstand auf das Backblech legen. Mit den bemehlten Zinken einer Gabel etwas eindrücken. Im Ofen (Mitte) etwa 15 Minuten backen. Herausnehmen und auf einem Kuchengitter abkühlen lassen.

Für die Füllung den Rhabarber putzen, waschen und klein schneiden. Mit 50 g Zucker und 3 EL Wasser in einen Topf geben. Aufkochen und 5–10 Minuten köcheln lassen, bis der Rhabarber zerfällt. Durch ein Sieb passieren. 3 EL der Milch mit dem Puddingpulver und dem restlichen Zucker (40 g) glatt rühren. Restliche Milch mit dem Rhabarbermus in einen Topf geben und aufkochen. Das angerührte Puddingpulver dazugeben und alles unter Rühren ein paarmal aufwallen lassen, bis die Masse eindickt. Sofort mit dem Puderzucker bestäuben, damit sich keine Haut bildet. Dann etwas abkühlen lassen.

Auf jeden Keks 1 TL Rhabarberpudding geben und einen zweiten Keks daraufsetzen. Etwas zusammendrücken, sodass die Füllung am Rand sichtbar wird.

Aus aller Welt

Amarettini

1 Spritzbeutel mit Lochtülle (Ø 11 mm)

Ergibt etwa 100 Stück

150 g	gemahlene Mandeln
100 g	Zucker
50 ml	Amaretto
2	Eiweiß, Größe L
1 Prise	Salz

Den Backofen auf 175 °C Ober-/Unterhitze vorheizen. Mandeln gleichmäßig auf einem Backblech verteilen und etwa 10 Minuten im Ofen (Mitte) rösten. Anschließend herausnehmen und beiseitestellen. Die Backofentemperatur auf 55 °C Umluft reduzieren.

Zucker und Amaretto in einen Topf geben, aufkochen und leicht köcheln lassen, dabei nicht rühren. Amarettosirup vom Herd nehmen. Eiweiße mit dem Salz mit dem Handrührgerät steif schlagen, bis eine feste, glänzende Masse entstanden ist. Den heißen Sirup in dünnem Strahl zum Eischnee geben und dabei auf höchster Stufe 5 Minuten weiterschlagen, dann weitere 5 Minuten bei niedriger Geschwindigkeit schlagen.

Die Mandeln vorsichtig unter die Eischnee-Sirup-Mischung heben und die Masse in den Spritzbeutel füllen. Zwei Backbleche mit Backpapier belegen und die Masse in haselnussgroßen Tupfen daraufspritzen. Zusammen im Ofen etwa 1 Stunde trocknen lassen. Herausnehmen und abkühlen lassen.

Cantuccini

Ergibt etwa 50 Stück

200 g	blanchierte Mandelkerne
260 g	Mehl
125 g	gemahlene Mandeln
1 TL	Backpulver
1 Prise	Salz
200 g	Zucker
2	Eier, Größe L
4 EL	Milch
8 Tropfen	Bittermandelöl

Den Backofen auf 175 °C Ober-/Unterhitze vorheizen. Die blanchierten Mandelkerne auf einem Backblech im Ofen (Mitte) etwa 8 Minuten rösten. Herausnehmen und abkühlen lassen. Die Backofentemperatur beibehalten. Ein kaltes Backblech mit Backpapier belegen.

Mehl, gemahlene Mandeln, Backpulver, Salz und Zucker vermischen. Eier mit Milch und Bittermandelöl verquirlen. Eiermilch in die Mehlmischung rühren. Zum Schluss die ganzen Mandeln unterheben. Aus dem Teig drei gleich lange Rollen formen und diese auf das Backblech legen. Im Ofen (Mitte) etwa 30 Minuten backen. Das Backblech herausnehmen und die Ofentemperatur auf 100 °C Umluft reduzieren.

Die Teigrollen mit einem Wellenschliffmesser schräg in 2 cm breite Scheiben schneiden. Ein weiteres Backblech mit Backpapier belegen und die Cantuccini auf die beiden Backbleche legen. Zusammen weitere 30 Minuten backen. Herausnehmen und abkühlen lassen.

Anniks
Klassiker

Zwetschgen-Walnuss-Tarte

1 Tarteform mit Hebeboden (Ø 28 cm)
getrocknete Hülsenfrüchte zum Blindbacken

Für den Mandelmürbeteig

100 g	kalte Butter
70 g	Puderzucker
1	Ei, Größe S
200 g	Mehl
2 EL	gemahlene Mandeln
1 Prise	Salz

Für die Füllung

500 g	Zwetschgen
20 g	gemahlene Walnüsse

Für den Guss

100 g	Zucker
1	Ei, Größe L
1	Eigelb, Größe L
1 Msp.	gemahlene Vanille
2 EL	gemahlene Walnüsse
2 EL	Mehl
50 ml	Milch
125 g	Crème double

Für die Streusel

70 g	Walnusskerne
60 g	Zucker
2 TL	Melasse (s. Tipp S. 87)
1 Msp.	gemahlene Vanille
1 TL	gemahlener Zimt
100 g	Mehl
1 Prise	Salz
60 g	kalte Butter

Den Teig wie beim Grundrezept auf Seite 24 beschrieben zubereiten. Dabei zusammen mit dem Mehl die Mandeln zufügen (s. S. 25). Den Teig zu einer Kugel formen, in Frischhaltefolie wickeln und mindestens 2 Stunden bis maximal 4 Tage im Kühlschrank ruhen lasssen.

Den Teig herausnehmen und etwa 20 Minuten ohne Folie bei Zimmertemperatur ruhen lassen. Die Form mit dem Teig auskleiden und 30 Minuten tiefkühlen. Den Backofen auf 175 °C Ober-/Unterhitze vorheizen. Den Teig im Ofen (Mitte) etwa 16 Minuten blindbacken (s. S. 24). Herausnehmen und abkühlen lassen. In der Zwischenzeit die Backofentemperatur auf 150 °C reduzieren.

Für die Füllung die Zwetschgen waschen, halbieren und entsteinen. Den Tarteboden mit den gemahlenen Walnüssen bestreuen und mit den Zwetschgen dicht an dicht belegen.

Für den Guss Zucker, Ei, Eigelb und Vanille mit dem Handrührgerät schaumig schlagen. Dann unter ständigem Rühren gemahlene Walnüsse, Mehl, Milch und Crème double unterrühren.

Für die Streusel die Walnusskerne hacken und mit Zucker, Melasse, Vanille, Zimt, Mehl, Salz und Butter in Flöckchen in der Küchenmaschine oder mit dem Handrührgerät krümelig verkneten.

Den Guss gleichmäßig über die Zwetschgen auf die Tarte gießen und die Streusel darüber verteilen. Die Tarte im Ofen (Mitte) etwa 45 Minuten backen. Herausnehmen und abkühlen lassen.

Cannelés

12 Cannelés-Förmchen

Ergibt 12 Stück

1	Vanilleschote
600 ml	Milch
40 g	Butter
1 Prise	Salz
120 g	Mehl
250 g	Puderzucker
2	Eier, Größe L
3	Eigelb, Größe L
2 EL	Rum

Die Vanilleschote längs halbieren und das Mark herauskratzen. Milch mit Butter, Vanilleschote, Vanillemark und Salz in einen Topf geben und aufkochen. Vom Herd nehmen. Mehl und Puderzucker in eine Schüssel sieben und in der Mitte eine Mulde formen. Eier und Eigelbe hineingeben. Alles mit dem Schneebesen zu einer homogenen Masse verrühren. Vanilleschote aus der Milch entfernen. Vanillemilch und Rum unter Rühren in die Eiermischung gießen. Nochmals gut verrühren. Den Teig abgedeckt mindestens 1 Stunde, besser aber über Nacht, im Kühlschrank ruhen lassen.

Den Backofen mit den Cannelés-Förmchen auf 280 °C Ober-/Unterhitze vorheizen. Dafür die Förmchen auf ein Gitter und dieses auf ein Backblech stellen. Stehen die Cannelés nämlich direkt auf dem heißen Blech, brennen sie an. Blech auf die zweite Schiene von unten schieben.

Den Teig fast bis zum Rand in die Förmchen gießen. Die Cannelés etwa 5 Minuten backen. Danach die Backofentemperatur auf 180 °C Ober-/Unterhitze reduzieren und die Cannelés noch etwa 1 Stunde backen. Herausnehmen, abkühlen lassen und erst dann aus den Förmchen lösen.

Macarons

1 Spritzbeutel mit Lochtülle (Ø 13 mm)

Ergibt etwa 40 Stück

Für die Macaronschalen
200 g Puderzucker
200 g fein gemahlene Mandeln
200 g Zucker
160 g Eiweiß (etwa von 4 Eiern, Größe L)
Lebensmittelfarbe (nach Belieben)

Entweder Schokotrüffelfüllung
100 g After Eight (oder eine andere Schokolade nach Geschmack)
120 g Schlagsahne

Oder Mangofüllung
1 kleine Mango
2 EL Zucker
150 g weiße Schokolade
50 g Joghurt

Oder Himbeerfüllung
150 g Himbeeren
35 g Zucker
1 EL Zitronensaft
1 EL Speisestärke

Puderzucker und Mandeln gut mischen, beiseitestellen. Zucker und 80 ml Wasser in einem Topf langsam unter Rühren aufkochen, bis sich der Zucker aufgelöst hat. Sirup vom Herd nehmen. Die Hälfte der Eiweiße mit dem Handrührgerät steif schlagen, die Mixgeschwindigkeit verringern und den Sirup in dünnem Strahl dazugießen. Weiterschlagen, bis die Masse abgekühlt ist.

Die zweite Hälfte der Eiweiße (ungeschlagen) mit der Mandelmischung vermengen, sodass eine dicke Mandelpaste entsteht. Nach Belieben Lebensmittelfarbe unter die Paste mischen. Mit einem Spatel eine kleine Menge Eischnee in die Mandelpaste rühren, nach und nach den Rest zugeben und vorsichtig unterheben. Die Mischung muss glatt und nicht allzu fest sein.

Ein Backblech mit Backpapier belegen. Die Masse in den Spritzbeutel füllen und Tupfen (Ø 2 cm) auf das Backblech spritzen. Dann etwa 30 Minuten bei Zimmertemperatur trocknen lassen.

Den Backofen auf 125 °C Umluft vorheizen. Macarons im Ofen (Mitte) etwa 15 Minuten backen. Herausnehmen und abkühlen lassen. Einen Klecks Füllung (siehe folgende Rezepte) auf je eine Macaronschale geben und eine zweite Macaronschale behutsam daraufdrücken.

Schokotrüffelfüllung
After Eight und Sahne in eine Metallschüssel geben. Über dem Wasserbad (s. S. 18–19) schmelzen und gut verrühren. In eine Schüssel füllen und über Nacht in den Kühlschrank stellen. Am nächsten Tag steif schlagen und die Macarons damit füllen.

Mangofüllung
Mango schälen, das Fruchtfleisch vom Stein schneiden und pürieren, 120 g Mangopüree abmessen und mit dem Zucker verrühren. Schokolade hacken und in einer Schüssel über dem Wasserbad (s. S. 18–19) schmelzen. Das Mangopüree unterrühren und zum Schluss den Joghurt. Abkühlen lassen und die Macarons damit füllen.

Himbeerfüllung
Himbeeren verlesen, mit Zucker und Zitronensaft in einen Topf geben und aufkochen. 50 ml Wasser mit der Speisestärke glatt rühren. Zu den Himbeeren in den Topf geben. Ein paarmal aufwallen lassen, bis die Masse eindickt. Abkühlen lassen und die Macarons damit füllen.

Kirsch-Clafoutis

8 kleine Dessertformen oder 1 Auflaufform (Ø 26–28 cm)

Butter für die Formen

500 g	Kirschen
4	Eier, Größe L
120 g	Zucker
¼ TL	gemahlene Vanille
1 Prise	Salz
60 g	gemahlene Mandeln
60 ml	Milch
80 g	Mehl
1 EL	Speisestärke

Den Backofen auf 175 °C Ober-/Unterhitze vorheizen. Die Formen mit Butter einfetten. Die Kirschen waschen, entstielen, trocken tupfen und nach Belieben entsteinen (s. Tipp). Eier, Zucker, Vanille und Salz in einer Schüssel mit dem Handrührgerät schaumig schlagen. Danach erst die Mandeln, dann die Milch unterrühren. Zum Schluss das Mehl über die Masse sieben und gründlich unterrühren.

Die Masse in die Formen geben. Die Kirschen mit der Speisestärke vermischen und auf der Masse verteilen. Im Ofen (Mitte) etwa 20 Minuten (35 Minuten in der großen Auflaufform) backen. Am besten noch warm mit Vanillesauce oder etwas Crème fraîche servieren. Sollten Reste übrig bleiben, schmecken sie auch kalt sehr gut.

Tipp:

Wie der Name schon andeutet, kommt dieses Mittelding zwischen Kuchen und Auflauf ursprünglich aus Frankreich. Ganz klassisch wird er dort mit Kirschen samt Kern zubereitet, weil diese weniger Saft abgeben. Mich stört aber sehr, wenn ich immer aufpassen muss, nicht auf Kerne zu beißen – deswegen werden meine Kirschen entsteint.

Zwetschgengalette

Für den Mandelmürbeteig

100 g	kalte Butter
70 g	Puderzucker
1	Ei, Größe S
220 g	Mehl
30 g	gemahlene Mandeln
1 Prise	Salz

Für den Belag

30 g	gemahlene Haselnüsse
500 g	Zwetschgen
40 g	Zucker
1 TL	gemahlener Zimt
1	Ei, Größe L
1 EL	Rohrohrzucker

Den Teig wie beim Grundrezept auf Seite 24 beschrieben zubereiten. Dabei zusammen mit dem Mehl die Mandeln zufügen (s. S. 25). Den Teig anschließend zu einer Kugel formen, in Frischhaltefolie wickeln und mindestens 1 Stunde im Kühlschrank ruhen lassen.

Den Teig herausnehmen. Dann zwischen zwei Lagen Frischhaltefolie zu einem Kreis (Ø etwa 30 cm) ausrollen. Ein Backblech mit Backpapier belegen und den Teigkreis darauflegen. Die gemahlenen Haselnüsse darauf verteilen, dabei einen 5 cm breiten Rand frei lassen. Danach den Backofen auf 200 °C Ober-/Unterhitze vorheizen.

Für den Belag die Zwetschgen waschen, halbieren und entsteinen. Mit der Schnittfläche nach oben auf den Nüssen verteilen. Zucker und Zimt vermischen und über die Zwetschgen streuen. Die Teigränder nach innen klappen, sodass sie einen Teil der Zwetschgen verdecken, in der Mitte aber eine Öffnung bleibt. Das Ei mit 1 EL Wasser verquirlen, den Rand damit bestreichen und mit dem Rohrzucker bestreuen. Die Galette im Ofen (Mitte) etwa 30 Minuten backen. Herausnehmen und etwas abkühlen lassen.

Pavlova

Für den Baiser

3	Eiweiß, Größe L
1 Prise	Salz
175 g	Zucker
15 g	Kakaopulver
1 TL	Speisestärke
1 TL	Weißweinessig

Für den Belag

400 g	Schlagsahne
500 g	Früchte (nach Belieben)

Den Backofen auf 110 °C Umluft vorheizen. Ein Backblech mit Backpapier belegen. Die Eiweiße mit Salz steif schlagen, nach und nach den Zucker einrieseln lassen. Weiterschlagen, bis eine feste, glänzende Masse entstanden ist.

Das Kakaopulver und die Speisestärke auf den Eischnee sieben und mit dem Weißweinessig unterheben. Mit der Baisermasse auf dem Backblech einen großen Kreis aufstreichen. Der Rand sollte dabei etwas höher sein als die Mitte. Im Ofen (Mitte) etwa 1½ Stunden trocknen lassen. Herausnehmen und vollständig abkühlen lassen.

Für den Belag die Sahne steif schlagen und auf dem Baiserboden verteilen. Früchte putzen und ggf. waschen. Die Pavlova damit belegen. Ich mag Pavlova gerne mit viel Obst, und es eignen sich eigentlich fast alle Sorten. Der klassische Belag sind Erdbeeren oder Himbeeren.

Shortbread mit Zitronenfüllung

1 Backrahmen (24 × 24 cm)

Ergibt 12 Stück

Für den Teig

220 g	kalte, gesalzene Butter in Stückchen (ersatzweise ungesalzene Butter und 2 TL Salz)
100 g	Puderzucker
150 g	Mehl
100 g	Reismehl

Für den Belag

300 g Zucker
3 Eier, Größe L
abgeriebene Schale von 2 Bio-Zitronen
120 ml Zitronensaft
40 g Mehl

Außerdem

Puderzucker zum Bestäuben

Kalte Butter und Puderzucker miteinander vermengen. Mehl und das Reismehl dazugeben und alles möglichst schnell zu einem glatten Teig verarbeiten. Dann zu einer Kugel formen, in Frischhaltefolie wickeln und mindestens 2 Stunden im Kühlschrank ruhen lassen.

Den Backofen auf 175 °C Ober-/Unterhitze vorheizen. Den Teig zwischen zwei Lagen Backpapier etwa 1 cm dick zu einer Platte von 20 × 24 cm ausrollen, mit dem unteren Backpapier auf ein Backblech legen und mit einem Backrahmen umspannen. Den Teig am Rand etwas hochziehen, damit die Füllung nicht herauslaufen kann. Teig mit einer Gabel mehrfach einstechen. Im Ofen (Mitte) etwa 20 Minuten backen und danach herausnehmen. Backofentemperatur beibehalten.

Für den Belag Zucker und Eier in einer Schüssel verquirlen. Zitronenschale, -saft und das Mehl dazugeben. Alles gut vermengen. Belag auf dem Boden verteilen. Im Ofen (Mitte) weitere 15 Minuten backen. Shortbread herausnehmen und abkühlen lassen. Mit Puderzucker bestäuben und in etwa 3 × 3 cm große Würfel schneiden.

Tipp:

Das Rezept kann vielfältig variiert werden. Es eignen sich alle Arten von Trockenfrüchten oder kandiertem Obst und unterschiedlichste Nusskerne, nur die Gesamtmenge sollte eingehalten werden. Zucker kann je nach Geschmack teilweise durch Melasse oder Honig ersetzt werden.

Plumpudding mit Weinbrandbutter

1 Wasserbad-Puddingform (Ø 16 cm, 1 l Inhalt) oder 1 Gugelhupfform

Für den Plumpudding

90 g	Butter, plus mehr für die Form
50 g	Mehl
90 g	Zucker
¼ TL	Salz
¼ TL	gemahlener Zimt
¼ TL	gemahlener Piment
1 Prise	gemahlener Ingwer
1 Prise	gemahlene Muskatnuss
1 Prise	gemahlene Gewürznelke
100 g	Semmelbrösel
50 g	gemahlene Mandeln
50 g	Datteln, gehackt
50 g	Rosinen
25 g	Korinthen
25 g	kandierter Ingwer, gehackt
50 g	Zitronat
50 g	Orangeat
2	Eier, Größe L
125 ml	Milch
1	Apfel
7 EL	Rum

Für die Weinbrandbutter

100 g	weiche Butter
60 g	Puderzucker
1 EL	Weinbrand

Für den Plumpudding die Butter zerlassen. Mit dem Mehl in einer großen Schüssel glatt rühren. In einer zweiten Schüssel Zucker, Salz, Gewürze, Semmelbrösel und Mandeln mischen. Die Trockenfrüchte ebenfalls miteinander vermischen. Eier und Milch in einer weiteren Schüssel aufschlagen. Den Apfel schälen, vierteln, das Kerngehäuse entfernen und die Viertel grob reiben, 1 EL Rum unterrühren. In der großen Schüssel die Butter-Mehl-Mischung mit den trockenen Zutaten verrühren. Die Trockenfrüchte und den Apfel unterrühren. Zum Schluss die Eier-Milch-Mischung darübergeben. Alles gut vermengen.

Die Puddingform gut mit Butter einfetten, den Teig einfüllen und den Deckel verschließen. Die Form in einen hohen Topf stellen und diesen mit kochendem Wasser füllen, sodass die Form mindestens bis zu drei Vierteln im Wasser steht. (Gugelhupfform mit Alufolie abdecken und mit Küchengarn umwickeln, sodass die Folie auf der Form bleibt.) Bei geschlossenem Deckel 3 Stunden bei mittlerer Hitze köcheln lassen. Zwischendurch immer wieder Wasser nachfüllen.

Die Puddingform aus dem Wasser nehmen und 15 Minuten stehen lassen. Dann den Pudding aus der Form auf einen Teller stürzen. Für die Weinbrandbutter die Butter mit dem Puderzucker mit dem Handrührgerät schaumig schlagen, den Weinbrand unterrühren. Ich fülle die Weinbrandbutter gern in kleine Silikonformen (Mini-Gugelhupf oder Rosen), stelle sie bis zum Servieren in den Kühlschrank und löse sie dann heraus.

Vor dem Servieren den restlichen Rum (6 EL) erwärmen. Den Plumpudding damit beträufeln und flambieren, am besten bei Tisch oder kurz vor dem Betreten des (verdunkelten) Zimmers. Die Weinbrandbutter dazu servieren.

Anniks
Klassiker

Pekannusskaramell-Kuchen

1 Auflaufform oder auslaufsichere Kuchenform (Ø 26–30 cm)

Für den Karamell

70 g	Zucker
1 EL	Melasse
80 g	Butter, plus mehr für die Form
2 EL	Schlagsahne
175 g	Pekannüsse

Für den Teig

200 g	Schokolade (70 % Kakaoanteil)
200 g	Butter
240 g	Zucker
5	Eier, Größe L
1	Eigelb, Größe L
40 g	Mehl

Für den Karamell Zucker, Melasse, Butter und Sahne in einem kleinen Topf erhitzen, bis die Butter geschmolzen ist und der Zucker sich aufgelöst hat. Die Form mit Butter einfetten. Den Topf vom Herd nehmen und die Masse in die Form füllen. Die ganzen Pekannüsse gleichmäßig auf dem Karamell verteilen. Die Form beiseitestellen. Den Backofen auf 160 °C Ober-/Unterhitze vorheizen.

Für den Teig die Schokolade hacken und mit der Butter in einer Metallschüssel über dem Wasserbad schmelzen (s. S. 18–19). Die Schokoladen-Butter-Mischung vom Wasserbad nehmen und den Zucker mit einem Schneebesen einrühren.

Die Eier und das Eigelb in einer anderen Schüssel verquirlen und unter ständigem Rühren zur Schokoladen-Butter-Mischung geben, ganz zum Schluss das Mehl einarbeiten. Den Teig über dem Karamell verteilen. Den Kuchen im Ofen (Mitte) etwa 30 Minuten backen.

Den fertigen Kuchen herausnehmen und 15 Minuten in der Form abkühlen lassen, anschließend den Rand vorsichtig mit einem Messer lösen, den Kuchen auf ein Kuchengitter stürzen und vollständig abkühlen lassen.

Tipp:

Melasse ist ein honigartiger Zuckersirup, der bei der Zuckerproduktion entsteht. Man bekommt ihn im Reformhaus und in Naturkostläden.

Apple Crumble

1 Auflaufform (Ø 26–28 cm) oder
4 kleine Formen

500 g	Äpfel
120 g	Zucker
200 g	Mehl
75 g	gemahlene Mandeln
¼ TL	gemahlene Vanille
¼ TL	Salz
130 g	kalte Butter, plus mehr für die Form
3 EL	gehackte Mandeln

Tipp:

Das Rezept schmeckt auch toll mit Beeren oder Aprikosen.

Den Backofen auf 180 °C Ober-/Unterhitze vorheizen. Die Auflaufform mit Butter einfetten. Die Äpfel schälen, vierteln, das Kerngehäuse entfernen und das Fruchtfleisch klein schneiden. Apfelstücke in die Form geben.

Zucker, Mehl, gemahlene Mandeln, Vanille und Salz in einer Schüssel vermischen. Die Butter in Flöckchen unterrühren. Mit einer Gabel oder den Händen rasch zu Streuseln formen und auf den Äpfeln verteilen. Mit den gehackten Mandeln bestreuen. Im Ofen (Mitte) etwa 25 Minuten backen. Am besten noch warm genießen.

Gewürz-Crumble: Eignet sich sehr gut für Birnen (oder Zwetschgen). Dafür 500 g Birnen schälen und vierteln. Das Kerngehäuse entfernen und die Viertel in Spalten schneiden. Birnenspalten in die gefettete Form geben. Etwas Zitronensaft darüberträufeln. 80 g Walnusskerne grob hacken, in einer Schüssel mit 60 g Zucker, 2 TL Melasse (s. S. 87, oder Zuckerrübensirup), 120 g Mehl, 1 TL gemahlenem Zimt, ¼ TL gemahlener Vanille, ¼ TL gemahlener Muskatnuss und ½ TL Salz vermischen. Dann 80 g kalte Butter in Flöckchen zufügen und alles rasch zu Streuseln formen. Über den Birnen verteilen. 25 Minuten bei 180 °C Ober-/Unterhitze im vorgeheizten Backofen backen. Am besten noch warm genießen.

Zimtschneckenkuchen

1 auslaufsichere Backform (Ø 28 cm) oder 1 Springform (Ø 28 cm)

Für den Hefeteig

50 g	Butter
650 g	Mehl, plus mehr zum Verarbeiten
1 Würfel	Hefe (42 g)
120 g	Zucker
100 ml	lauwarme Milch
120 ml	Buttermilch
2	Eier, Größe L
½ TL	Salz

Für den Belag

140 g	Butter
120 g	Zucker
120 ml	Ahornsirup
2 TL	gemahlener Zimt

Den Teig wie beim Grundrezept auf Seite 22 beschrieben zubereiten und die Buttermilch mit der Milch dazugeben. Den Teig gehen lassen.

Für den Belag 80 g Butter, 40 g Zucker und den Ahornsirup in einen Topf geben und erwärmen. Die Sauce auf den Boden der Backform geben. (Springform gut mit Backpapier auskleiden, damit nichts herauslaufen kann.)

Die restliche Butter (60 g) zerlassen. Den restlichen Zucker (80 g) mit dem Zimt vermischen. Den Teig auf einer bemehlten Arbeitsfläche zu einem Quadrat (etwa 50 × 50 cm) ausrollen. Mit der zerlassenen Butter bepinseln und mit dem Zimtzucker bestreuen. Aufrollen und die Rolle in zwölf Scheiben schneiden. Die Rollen nebeneinander in die Form legen. Noch einmal 20 Minuten abgedeckt gehen lassen.

Den Backofen auf 180 °C Ober-/Unterhitze vorheizen. Kuchen im Ofen (Mitte) etwa 35 Minuten backen. Herausnehmen und abkühlen lassen.

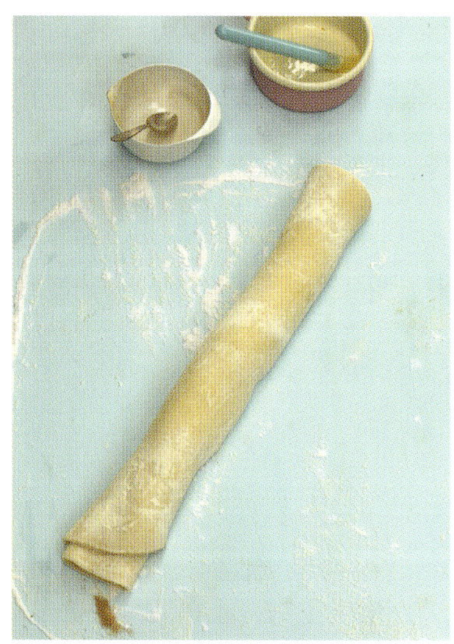

Engadiner Nusstorte

1 Tarteform (Ø 28 cm)
Papierschablonen nach Wahl
1 Ausstecher in Blütenform

Für den Mürbeteig

200 g	kalte Butter
100 g	Puderzucker
2	Eier, Größe S
440 g	Mehl, plus mehr zum Verarbeiten
1 Prise	Salz

Für die Füllung

400 g	Walnusskerne
200 g	Zucker
250 g	Schlagsahne
50 g	Honig

Für die Dekormasse

1½ EL	weiche Butter
20 g	Eiweiß (von ½ Ei)
1 EL	Kakaopulver
1 EL	Mehl
1 EL	Puderzucker

Außerdem

½	Eiweiß, verquirlt

Tipp:

Die Nüsse schmecken aromatischer, wenn man sie vorher in einer beschichteten Pfanne ohne Fett leicht röstet. Alternativ kann man sie im auf 175 °C Ober-/Unterhitze vorgeheizten Ofen auf einem Backblech 8–10 Minuten rösten.

Den Teig wie beim Grundrezept auf Seite 24 beschrieben zubereiten, zu einer Kugel formen und in Frischhaltefolie wickeln. Mindestens 2 Stunden bis maximal 4 Tage im Kühlschrank ruhen lassen. Dann den Teig herausnehmen und etwa 20 Minuten bei Zimmertemperatur ruhen lassen. Dann die Hälfte des Teiges auf der bemehlten Arbeitsfläche ausrollen und die Form damit auskleiden (s. S. 24).

Für die Füllung die Walnusskerne grob hacken. Einen Topf erwärmen und den Boden mit etwas Zucker bedecken. Sobald der Zucker geschmolzen ist, nach und nach den restlichen Zucker einstreuen, dabei zunächst nicht rühren. Sobald der gesamte Zucker karamellisiert ist (s. S. 17), Sahne und Honig zugießen. Alles so lange unter Rühren kochen, bis sich alle fest gewordenen Stücke wieder aufgelöst haben. Den Topf vom Herd nehmen und die Nüsse einrühren. Abkühlen lassen.

Den Backofen auf 180 °C Ober-/Unterhitze vorheizen. Restlichen Teig auf der bemehlten Arbeitsfläche ausrollen und einen Kreis in Größe der Form ausschneiden. Den Teigkreis für 5 Minuten in den Kühlschrank legen, gekühlt lässt er sich leichter auf die Tarte legen. Die Füllung auf dem Tarteboden verteilen und den Teigkreis auflegen.

Für die Dekormasse alle Zutaten verrühren. Die gewünschte Schablone auf den Teigkreis legen und mit einem dünnen Pinsel die Dekormasse auftragen. Schablone herunternehmen, Teigreste ausrollen und kleine Blüten ausstechen. Die Unterseite jeweils mit einem Tupfen verquirltem Eiweiß bestreichen und die Blüten rundherum am Rand der Torte verteilen. Den Kuchen im Ofen (Mitte) in etwa 35–40 Minuten goldbraun backen. Herausnehmen und abkühlen lassen.

Erdnusscremetarte

1 Tarteform mit Hebeboden (Ø 28 cm)
getrocknete Hülsenfrüchte zum Blindbacken

Für den Boden

100 g	Mehl
½ TL	Natron
1 Prise	Salz
80 g	Rohrohrzucker
1 TL	Melasse (s. Tipp S. 87)
60 g	kalte Butter, plus mehr für die Form
150 g	Erdnusscreme ohne Stückchen
1 Msp.	gemahlene Vanille (oder 1 TL Vanillezucker)
1	Eigelb, Größe L

Für die Creme

200 g	Schlagsahne
100 g	Doppelrahmfrischkäse
150 g	Erdnusscreme ohne Stückchen
50 g	Zucker

Für die Glasur

100 g	Schokolade (60 % Kakaoanteil)
60 g	Schokolade (70 % Kakaoanteil)
90 g	Schlagsahne
1 Msp.	gemahlene Vanille (oder 1 TL Vanillezucker)

Mehl, Natron und Salz in einer Schüssel vermischen. In einer zweiten Schüssel Zucker, Melasse, Butter in Flöckchen, Erdnusscreme und Vanille mit dem Handrührgerät zu einer homogenen Masse verrühren. Das Eigelb unterrühren, anschließend die Mehlmischung zugeben und alles möglichst rasch zu einem festen Teig verarbeiten.

Den Teig zu einer Kugel formen, in Frischhaltefolie wickeln und mindestens 2 Stunden im Kühlschrank ruhen lassen, am besten sogar über Nacht.

Den Teig herausnehmen und etwa 20 Minuten bei Zimmertemperatur ruhen lassen. Die Form mit dem Teig auskleiden und 30 Minuten tiefkühlen. Den Backofen auf 175 °C Ober-/Unterhitze vorheizen. Den Teig im Ofen (Mitte) etwa 10 Minuten blindbacken (s. S. 24). Herausnehmen und abkühlen lassen.

Für die Creme die Sahne steif schlagen. Beiseitestellen. Frischkäse, Erdnusscreme und Zucker mit dem Handrührgerät in einer Schüssel aufschlagen. Ein Viertel der Sahne in die Frischkäsecreme rühren und den Rest vorsichtig mit einem Teigspatel von Hand unterziehen. Die Creme auf dem abgekühlten Tarteboden verteilen. Die Tarte für 30 Minuten zum Festwerden in den Kühlschrank stellen.

Für die Glasur die beiden Schokoladensorten fein hacken. In ein Schüsselchen schütten. Die Sahne mit der Vanille in einem Topf zum Kochen bringen und über die Schokolade geben. Dann 1 Minute ruhen lassen, anschließend verrühren, bis die Schokolade vollständig geschmolzen ist. Die Glasur über der Frischkäsecreme der gut gekühlten Tarte verteilen. Die Glasur im Kühlschrank in etwa 15 Minuten fest werden lassen.

Anniks
Klassiker

Anniks
Klassiker

Kürbiskuchen mit Cranberrys

1 auslaufsichere Springform (Ø 26 cm)

Für das Kürbispüree

1 kg	Kürbis (z. B. Hokkaido)
125 g	Pekannüsse (oder Walnusskerne)
100 g	Butter
100 g	Zucker
1 TL	Melasse (s. Tipp S. 87)
125 g	getrocknete Cranberrys

Für den Teig

200 g	Mehl
2 TL	Backpulver
1 TL	gemahlener Zimt
1 Prise	Salz
1 Msp.	gemahlene Muskatnuss
250 g	weiche Butter, plus mehr für die Form
220 g	Zucker
1 EL	Melasse
4	Eier, Größe L
200 g	gemahlene Haselnüsse

Den Backofen auf 180 °C Ober-/Unterhitze vorheizen. Für das Kürbispüree den Kürbis halbieren, mit einem Löffel die Kerne entfernen und den Kürbis auf ein mit Backpapier belegtes Backblech geben, in etwa 40 Minuten im Ofen (Mitte) weich werden lassen.

Den Kürbis aus dem Ofen nehmen. Dann entweder mit einem Löffel das weiche Kürbisfleisch herauslösen oder einfach die Schale abziehen. Das Kürbisfleisch pürieren, 500 g davon abmessen und für später beiseitestellen (eventuell restliches Püree anderweitig verwenden).

Die Springform mit Butter einfetten. Die Pekannüsse grob hacken. Die Butter mit Zucker und Melasse in einem mittelgroßen Topf schmelzen. Wenn sich der Zucker aufgelöst hat, den Topf vom Herd nehmen und die Cranberrys sowie die Pekannüsse einrühren. Die Masse gleichmäßig auf dem Boden der Springform verteilen.

Den Backofen auf 150 °C Ober-/Unterhitze vorheizen. Für den Teig Mehl, Backpulver, Zimt, Salz und Muskat in eine Schüssel sieben.

Die Butter mit dem Handrührgerät auf höchster Stufe schaumig schlagen, Zucker und Melasse zugeben und weiterschlagen. Die Eier einzeln gut einrühren, jedes Ei etwa 30 Sekunden.

Die Geschwindigkeit des Handrührgeräts herunterschalten und die Mehlmischung einarbeiten, anschließend das beiseitegestellte Kürbispüree untermengen und ganz am Schluss die gemahlenen Haselnüsse. Den Teig in der vorbereiteten Springform gleichmäßig auf der Pekannuss-Cranberry-Masse verteilen.

Danach im Ofen (Mitte) etwa 1 Stunde backen. Eine Garprobe durchführen (s. S. 16) und den Kuchen bei Bedarf weitere 10 Minuten backen.

Den Kuchen 15 Minuten in der Form abkühlen lassen. Anschließend den Kuchen mit einem Messer vom Springformrand lösen und den Springformrand entfernen. Den Kürbiskuchen auf eine Tortenplatte stürzen. Vorsichtig den Springformboden entfernen und den Kuchen vollständig abkühlen lassen.

Klassiker

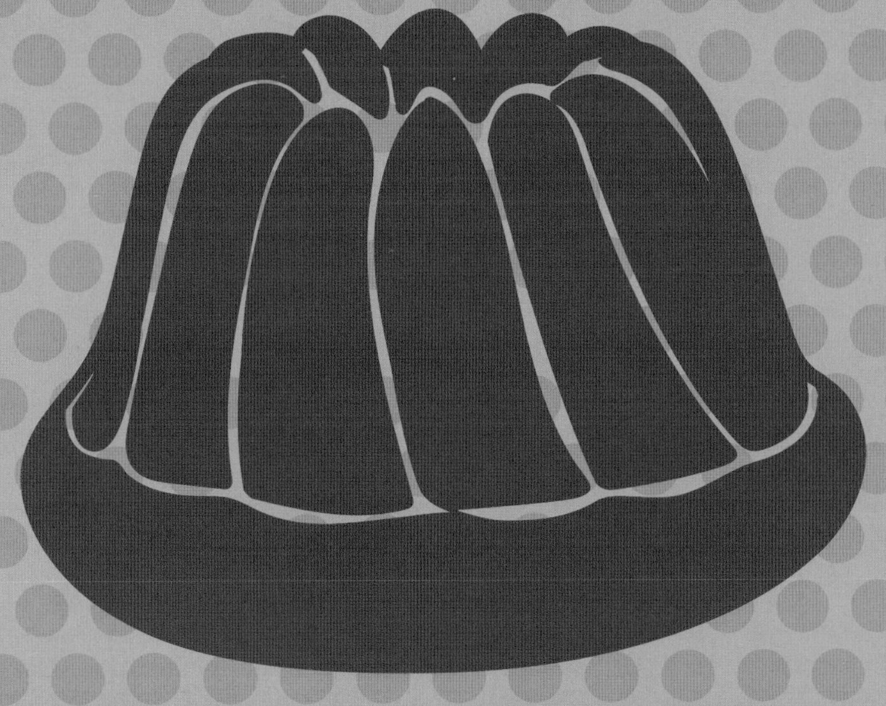

Schwarzwälder Kirschtorte

1 Springform (Ø 20 cm)
1 Tortenring (Ø 20 cm)
1 Spritzbeutel mit Sterntülle (Ø 11 mm)

Für den Wiener Biskuit

Butter für die Form

100 g	Mehl
20 g	Kakaopulver
4	Eier, Größe L
1	Eigelb, Größe L
100 g	Zucker

Für die Creme & den Sirup

60 g	Schokolade (70 % Kakaoanteil)
100 ml	Milch
70 g	Zucker
1 TL	Speisestärke
1	Eigelb, Größe L
15 ml	Kirschwasser
120 g	Schlagsahne

Für das Kompott

200 g	Kirschen (aus dem Glas)
1 geh. EL	Speisestärke
2 TL	Zucker
1 TL	Kirschwasser

Für die Dekoration

450 g	Schlagsahne

dunkle Raspelschokolade
einige frische Kirschen

Den Backofen auf 180 °C Ober-/Unterhitze vorheizen. Den Springformboden mit Butter einfetten. Aus den Zutaten wie im Grundrezept 3 auf Seite 26 beschrieben einen Wiener Biskuit (dabei Eier nicht trennen!) zubereiten, dabei das Kakaopulver mit dem Mehl sieben und untermischen. Die Masse in die Form geben und im Ofen (Mitte) etwa 35–40 Minuten backen. Herausnehmen und abkühlen lassen.

Für die Creme die Schokolade hacken und die Milch aufkochen. 20 g Zucker, Stärke und Eigelb glatt rühren. Die heiße Milch unter Rühren in die Eigelbmischung gießen. Alles durch ein Sieb zurück in den Topf geben und unter Rühren erhitzen, bis es eindickt. Den Topf vom Herd nehmen und die Schokolade darin schmelzen. Mit Frischhaltefolie direkt auf der Creme abdecken und abkühlen lassen. Für den Sirup übrigen Zucker (50 g) und 75 ml Wasser erwärmen, bis sich der Zucker aufgelöst hat. Abkühlen lassen, Kirschwasser einrühren.

Für das Kompott die Kirschen gut abtropfen lassen, dabei 100 ml Saft auffangen. 2 EL Kirschsaft mit der Stärke glatt rühren. Den restlichen Kirschsaft mit Zucker aufkochen, die angerührte Stärke einrühren und erneut aufkochen, bis er eindickt. Dann Kirschen und Kirschwasser dazugeben und das Kompott vom Herd nehmen. Die Sahne steif schlagen und unter die Schokoladencreme heben.

Biskuit bei Bedarf oben begradigen. Dann quer in drei Böden schneiden, jeweils mit Sirup beträufeln. Unteren Boden auf eine Kuchenplatte setzen, mit dem Tortenring umspannen. Kompott darauf verteilen, zweiten Boden auflegen und mit Schokocreme bestreichen. Dritten Boden auflegen. Torte 30 Minuten im Kühlschrank ruhen lassen.

Tortenring entfernen. Sahne steif schlagen und die Torte damit bestreichen (etwas Sahne aufheben, in den Spritzbeutel füllen und beiseitestellen). Torte mit Raspelschokolade bestreuen. Mit Sahnerosen und Kirschen dekorieren.

Topfenpalatschinken

Auflaufform (Ø 26 cm oder 20 × 24 cm)

Für die Pfannkuchen

50 g	Butter, plus mehr zum Ausbacken und für die Form
3	Eier, Größe L
250 g	Mehl
30 g	Zucker
¼ TL	Salz
500 ml	Milch

Für die Topfenfüllung

3	Eier, Größe L
50 g	weiche Butter
110 g	Zucker
abgeriebene Schale von 1 Bio-Zitrone	
¼ TL	gemahlene Vanille
200 g	Topfen (ersatzweise Quark, gut abgetropft)
1 EL	Speisestärke
1 Prise	Salz
30 g	Rosinen

Guss

125 ml	Milch
125 g	Sauerrahm
2	Eier, Größe L
40 g	Zucker
¼ TL	gemahlene Vanille
1 Prise	Salz

Außerdem

Puderzucker zum Bestäuben

Die Butter zerlassen. Die Eier verquirlen. Das Mehl in eine Schüssel sieben, Zucker und Salz einrühren und in der Mitte eine Mulde formen. Die Eier und ein bisschen Milch in die Mulde geben. Mit dem Schneebesen kurz verrühren, bis alles glatt ist. Die restliche Milch und die Butter rasch unter die Masse rühren. Langes Rühren macht den Teig zäh. Etwas ruhen lassen. In einer beschichteten Pfanne bei mittlerer Hitze nacheinander sechs große Pfannkuchen in Butter ausbacken.

Den Backofen auf 160 °C Ober-/Unterhitze vorheizen. Die Auflaufform mit Butter einfetten. Für die Füllung die Eier trennen. Die Butter in einer großen Schüssel mit 60 g Zucker, der Zitronenschale und der Vanille schaumig schlagen. Die Eigelbe einzeln unterrühren, dann den Topfen und die Speisestärke. Die Eiweiße mit Salz schaumig schlagen, dann den restlichen Zucker (50 g) einrieseln lassen und weiterschlagen, bis eine feste, glänzende Masse entstanden ist. Eischnee und Rosinen unter die Topfenmasse heben. Pfannkuchen damit bestreichen, aufrollen und die Rollen nebeneinander in die Form legen. Die Palatschinken im Ofen (Mitte) etwa 15 Minuten backen.

In der Zwischenzeit für den Guss alle Zutaten verquirlen. Die Palatschinken aus dem Ofen nehmen und den Guss darüber verteilen. Anschließend weitere 25–30 Minuten backen. Herausnehmen, mit Puderzucker bestäuben und sofort servieren. Die Palatschinken schmecken aber auch kalt.

Marmorgugelhupf

1 Gugelhupfform (2,5–3 l Inhalt)
(alternativ für 2 Formen, à 1–1,5 l Inhalt)

Heller Rührteig
Butter für die Form
300 ml Sonnenblumenöl
300 g Joghurt
6 Eier, Größe L
300 g Zucker
¼ TL gemahlene Vanille
400 g Mehl
100 g Speisestärke
5 TL Backpulver
¼ TL Salz

Dunkler Rührteig
3 EL Kakaopulver
2 EL Milch
2 EL Zucker

Außerdem
Puderzucker zum Bestäuben

Den Backofen auf 175 °C Ober-/Unterhitze vorheizen, die Gugelhupfform mit Butter einfetten. Für den hellen Rührteig das Öl mit dem Joghurt verrühren. Eier, Zucker und Vanille in einer Schüssel mit dem Handrührgerät schaumig schlagen. Mehl, Stärke, Backpulver und Salz in eine zweite Schüssel sieben und abwechselnd mit der Joghurt-Öl-Mischung in die Eiermasse rühren.

Zwei Drittel des hellen Teiges in die Form geben. Für den dunklen Rührteig Kakaopulver, Milch und Zucker unter das übrige helle Teigdrittel rühren und dieses auf den hellen Teig geben. Mit einer Gabel durch beide Teige ziehen, sodass eine Marmorierung entsteht.

Den Kuchen im Ofen (unten) etwa 1 Stunde backen. Dann eine Garprobe (s. S. 16) durchführen und den Kuchen bei Bedarf weitere 10 Minuten backen. Anschließend aus dem Ofen nehmen, etwas abkühlen lassen und aus der Form stürzen. Danach auf einem Kuchengitter vollständig abkühlen lassen.

Zum Servieren mit Puderzucker bestäuben. Alternativ können Sie den Gugelhupf mit 200 g flüssiger Schokoladenglasur vollständig überziehen und diese vor dem Servieren fest werden lassen.

Gugelhupf-Varianten

Kürbisgugelhupf

Für den Teig **400 g geschälten Kürbis** würfeln, weich garen, abtropfen, ausdampfen lassen und danach pürieren. **100 ml Kürbiskernöl** und **200 ml Sonnenblumenöl** in einem hohen Gefäß mit dem Kürbispüree verrühren. **6 Eier, 300 g Zucker** und **¼ TL gemahlene Vanille** in einer Schüssel mit dem Handrührgerät schaumig schlagen. **400 g Mehl, 100 g Speisestärke, 5 TL Backpulver, ¼ TL Salz, 2 TL gemahlenen Zimt** und **½ TL gemahlene Muskatnuss** in eine zweite Schüssel sieben, abwechselnd mit der Kürbis-Öl-Mischung in die Eimasse rühren. Den Teig in die gefettete Form geben.

Den Kuchen anschließend im vorgeheizten Backofen (unten) bei 175 °C Ober-/Unterhitze etwa 1 Stunde–1 Stunde 10 Minuten backen. Aus der Form lösen und abkühlen lassen.

Für den Guss **400 g Doppelrahmfrischkäse** (Zimmertemperatur), **150 g Puderzucker** und **100 g weiche Butter** glatt rühren und den Kuchen damit einstreichen. Dann mit **2 EL Kürbiskernen** verzieren.

Mohn-Zitronen-Gugelhupf

Für den Teig **300 ml Sonnenblumenöl** in einem hohen Gefäß mit **300 g Joghurt** verrühren. **6 Eier, 340 g Zucker** und **¼ TL gemahlene Vanille** in einer Schüssel mit dem Handrührgerät schaumig schlagen. **200 g Mehl, 100 g Speisestärke, 5 TL Backpulver, ¼ TL Salz** in eine zweite Schüssel sieben. **200 g Mohn** und die **abgeriebene Schale von 2 Bio-Zitronen** hineinrühren. Die Mehlmischung abwechselnd mit der Joghurt-Öl-Mischung in die Eimasse rühren. Den Teig in die gefettete Form geben.

Den Kuchen anschließend im vorgeheizten Backfen (unten) bei 175 °C Ober-/Unterhitze etwa 1 Stunde–1 Stunde 10 Minuten backen. Aus der Form lösen und abkühlen lassen.

Für die Glasur **250 g Puderzucker** mit nicht zu viel **Zitronensaft** verrühren. Dafür den Saft teelöffelweise zugeben, bis die Masse die gewünschte Konsistenz hat. Die Glasur auf dem Kuchen verteilen.

Amaretto-Kirsch-Gugelhupf

100 ml Mandelöl und **200 ml Sonnenblumenöl** in einem hohen Gefäß mit **100 g Joghurt** und **200 ml Amaretto** verrühren. **6 Eier, 300 g Zucker** sowie **¼ TL gemahlene Vanille** in einer Schüssel mit dem Handrührgerät schaumig schlagen. **400 g Mehl, 100 g Speisestärke, 5 TL Backpulver** und **¼ TL Salz** in eine zweite Schüssel sieben und abwechselnd mit der Joghurt-Öl-Mischung in die Eimasse rühren. **100 g gemahlene Mandeln** und **500 g entsteinte Kirschen** mit **1 EL Mehl** mischen und unter den Teig heben. Den Teig in die gefettete Form geben.

Den Kuchen anschließend im vorgeheizten Backofen (unten) bei 175 °C Ober-/Unterhitze etwa 1 Stunde–1 Stunde 10 Minuten backen. Aus der Form lösen und abkühlen lassen.

Den Kuchen mit **Puderzucker** bestäuben und mit **Kirschen** dekorieren.

Glutenfreier Gugelhupf

300 ml Sonnenblumenöl in einem hohen Gefäß mit **300 g Joghurt verrühren**. **6 Eier, 300 g Zucker** und **¼ TL gemahlene Vanille** in einer Schüssel mit dem Handrührgerät schaumig schlagen. **200 g Maisstärke, 200 g Reismehl, 100 g Maismehl, 3 TL Johannisbrotkernmehl, 5 TL Backpulver** und **¼ TL Salz** in eine zweite Schüssel sieben und abwechselnd mit der Joghurt-Öl-Mischung nach und nach in die Eimasse rühren. Anschließend den Teig in die gefettete Form geben.

Den Kuchen anschließend im vorgeheizten Backofen (unten) bei 175 °C Ober-/Unterhitze etwa 1 Stunde–1 Stunde 10 Minuten backen. Aus der Form lösen und abkühlen lassen.

Den Kuchen nach Belieben mit **dunkler Schokoglasur** überziehen und mit **kleinen Schokoladenherzen** dekorieren.

Mokkatarte

1 Tarteform (Ø 28 cm)
1 Spritzbeutel mit Lochtülle (Ø 12 mm)
getrocknete Hülsenfrüchte zum Blindbacken

Für den Schokoladenmürbeteig

100 g	kalte Butter
50 g	Puderzucker
¼ TL	gemahlene Vanille
1	Ei, Größe S
190 g	Mehl
30 g	Kakaopulver
1 Prise	Salz

Für die Füllung

1	Vanilleschote
130 g	Zucker
40 g	Speisestärke
4	Eigelb, Größe L
500 ml	Milch
1 EL	Instant-Espressopulver

Für den Belag & die Dekoration

200 g	Schokolade (60 % Kakaoanteil)
80 g	Butter
1 EL	Honig
50 g	Schlagsahne

Mokkabohnen

Den Teig wie beim Grundrezept auf Seite 24 beschrieben zubereiten. Dabei zusammen mit dem Mehl das Kakaopulver zufügen (s. S. 25). Den Teig zu einer Kugel formen, in Frischhaltefolie wickeln und mindestens 2 Stunden bis maximal 4 Tage im Kühlschrank ruhen lasssen.

Den Teig herausnehmen und etwa 20 Minuten ohne Folie bei Zimmertemperatur ruhen lassen. Die Form mit dem Teig auskleiden und 30 Minuten tiefkühlen. Den Backofen auf 200 °C Ober-/Unterhitze vorheizen. Den Teig im Ofen (Mitte) etwa 16 Minuten blindbacken (s. S. 24). Herausnehmen und abkühlen lassen.

Für die Füllung die Vanilleschote längs halbieren und das Mark herauskratzen. 100 g Zucker, Speisestärke, Eigelbe und 100 ml Milch in einer Metallschüssel verrühren. Restliche Milch (400 ml), restlichen Zucker (30 g), Vanillemark und -schote in einen Topf geben und aufkochen. Vom Herd nehmen, Vanilleschote entfernen und das Espressopulver in der Milch auflösen. Die heiße Milch unter Rühren in die Eigelbmischung gießen. Die Schüssel auf ein Wasserbad stellen und die Eigelbmischung zur Rose abziehen (s. S. 16). Die Creme auf dem Tarteboden verteilen und abkühlen lassen.

Für den Belag die Schokolade hacken, die Butter würfeln und beides mit dem Honig in eine Metallschüssel geben. Alles über dem Wasserbad schmelzen (s. S. 18–19) und auf der abgekühlten Creme verteilen. Fest werden lassen. Sahne steif schlagen, in den Spritzbeutel füllen. Tupfen auf die Tarte spritzen. Jeweils eine Mokkabohne auf die Tupfen setzen.

Cheesecake

1 Springform (Ø 26 cm)

Für den Boden

70 g	Butter, plus mehr für die Form
200 g	Vollkornbutterkekse

Für den Belag

1 kg	Doppelrahmfrischkäse
260 g	Zucker
50 g	Speisestärke
¼ TL	gemahlene Vanille
¼ TL	Salz
250 g	Crème double (oder Schlagsahne)
3	Eier, Größe L

Den Backofen auf 175 °C Ober-/Unterhitze vorheizen. Die Springform mit Butter einfetten. Für den Boden die Butter zerlassen. Die Butterkekse in einen Gefrierbeutel geben und mit dem Nudelholz zerkrümeln (s. Tipp S. 138). Die Kekskrümel mit der Butter mischen. Die Masse auf dem Boden der Springform festdrücken.

Für die Käsemasse etwa 300 g Frischkäse mit 1 EL Zucker und der Speisestärke verrühren. Den restlichen Frischkäse (700 g) nach und nach dazugeben und einrühren, anschließend den restlichen Zucker. Vanille, Salz und Crème double oder Sahne hinzufügen. Zum Schluss die Eier untermengen.

Die Käsemasse auf dem Boden in der Springform verteilen. Im Ofen (Mitte) etwa 1 Stunde backen. Der gebackene Kuchen sollte sich in der Mitte noch etwas bewegen, wenn man gegen den Rand der Form stößt. Er wird dann beim Erkalten fester. Herausnehmen und mindestens 3 Stunden in der Form vollständig abkühlen lassen.

Cheesecake-Varianten

Limetten-Basilikum-Cheesecake

Den Backofen auf 175 °C Ober-/Unterhitze vorheizen. Die Springform mit Butter einfetten. Den Boden und die Käsemasse wie beim Grundrezept (s. S. 110) beschrieben zubereiten.

1 große Handvoll Basilikumblätter hacken. Dann mit der **abgeriebenen Schale von 2 Bio-Limetten** und **40 ml Limettensaft** in die Käsemasse rühren.

Die Käsemasse auf dem Boden in der Springform verteilen. Den Kuchen im Ofen (Mitte) etwa 1 Stunde wie im Grundrezept (s. S. 110) beschrieben backen. Anschließend herausnehmen und abkühlen lassen.

Espresso-Cheesecake

Den Backofen auf 175 °C Ober-/Unterhitze vorheizen. Die Springform mit Butter einfetten. Den Boden aus **200 g zerbröselten Amarettini** und **80 g zerlassener Butter** wie beim Grundrezept (s. S. 110) beschrieben zubereiten.

Die Käsemasse zubereiten wie im Grundrezept (s. S. 110) beschrieben, dabei zusammen mit der Sahne **100 ml starken Espresso** unterrühren.

Die Käsemasse auf dem Boden in der Springform verteilen. Den Kuchen im Ofen (Mitte) etwa 1 Stunde 10 Minuten wie im Grundrezept (s. S. 110) beschrieben backen. Herausnehmen und abkühlen lassen.

25 g Zucker in einem Topf schmelzen, dann **25 g Schlagsahne** und **30 ml Espresso** einrühren. Wenn sich dabei feste Karamellstücke bilden, bei geringer Hitze rühren, bis sie sich aufgelöst haben. Den heißen Karamell mit einem Löffel in Streifen auf dem Kuchen verteilen.

Orangen-Cheesecake

Den Backofen auf 175 °C Ober-/Unterhitze vorheizen. Die Springform mit Butter einfetten. Den Boden und die Käsemasse wie beim Grundrezept (s. S. 110) beschrieben zubereiten.

160 ml Orangenlikör und die **abgeriebene Schale von 2 Bio-Orangen** unter die Käsemasse rühren.

Die Käsemasse auf dem Boden in der Springform verteilen. Den Kuchen im Ofen (Mitte) etwa 1 Stunde 10 Minuten wie im Grundrezept (s. S. 110) beschrieben backen. Herausnehmen und abkühlen lassen. Mit kandierten Orangenscheiben dekorieren.

Chai-Cheesecake

Den Backofen auf 175 °C Ober-/Unterhitze vorheizen. Die Springform mit Butter einfetten. Den Boden und die Käsemasse wie beim Grundrezept (s. S. 110) beschrieben zubereiten.

Für die Käsemasse **6 Teebeutel Chai-Tee** mit der Sahne für die Käsemasse aufkochen. Topf vom Herd nehmen und den Tee 5 Minuten ziehen lassen. Beutel gut ausdrücken, herausnehmen und die Sahne abkühlen lassen.

Die Käsemasse zubereiten wie im Grundrezept (s. S. 110) beschrieben, dabei die Chai-Sahne statt der normalen Sahne in die Käsemasse rühren.

Die Käsemasse auf dem Boden in der Springform verteilen. Den Kuchen im Ofen (Mitte) etwa 1 Stunde 10 Minuten wie im Grundrezept (s. S. 110) beschrieben backen. Herausnehmen und abkühlen lassen.

Für die Dekoration eine Schablone auf den Kuchen legen. **1 TL gemahlenen Zimt** darübersieben und die Schablone entfernen.

Aprikosenkuchen vom Blech

1 Spritzbeutel mit Lochtülle (Ø 12 mm)

Für den Teig

320 g	weiche Butter, plus mehr für das Blech
150 g	Marzipanrohmasse, geraspelt
300 g	Zucker
1 EL	abgeriebene Bio-Zitronenschale
8	Eier, Größe L
320 g	Mehl
60 g	Vanillepuddingpulver
2 TL	Backpulver
¼ TL	Salz

Für den Belag

1 kg	Aprikosen
150 g	Quark
10 g	Zucker
1	Eigelb, Größe L

Außerdem

Puderzucker zum Bestäuben

Ein tiefes Backblech mit Butter einfetten. Butter, Marzipanraspel, Zucker und Zitronenschale in einer Schüssel mit dem Handrührgerät schaumig schlagen. Eier einzeln gut einrühren. Mehl, Puddingpulver, Backpulver und Salz in eine zweite Schüssel sieben. Nach und nach in die Buttermasse rühren. Den Teig gleichmäßig auf dem Backblech verteilen.

Den Backofen auf 180 °C Ober-/Unterhitze vorheizen. Aprikosen waschen, halbieren und entsteinen. Dicht an dicht mit der Schnittseite nach oben auf dem Teig anordnen.

Quark, Zucker und Eigelb verrühren. Die Masse in den Spritzbeutel füllen und einen Tupfen auf jede Aprikose spritzen. Kuchen im Ofen (Mitte) etwa 40 Minuten backen. Herausnehmen und abkühlen lassen. Vor dem Servieren mit etwas Puderzucker bestäuben.

Tipp:

Wer keinen Spritzbeutel hat, nimmt einfach einen Gefrierbeutel und schneidet davon eine kleine Ecke ab.

Beerentarte mit Vanillecreme

1 Tarteform (Ø 28 cm)
getrocknete Hülsenfrüchte zum Blindbacken

Für den Mürbeteig

100 g	kalte Butter
50 g	Puderzucker
¼ TL	gemahlene Vanille
1	Ei, Größe S
220 g	Mehl
1 Prise	Salz

Für die Füllung

1	Vanilleschote
130 g	Zucker
40 g	Speisestärke
4	Eigelb, Größe L
500 ml	Milch
500 g	gemischte Beeren
1 Pck.	Tortenguss

Den Teig wie beim Grundrezept auf Seite 24 beschrieben zubereiten. Den Teig zu einer Kugel formen, in Frischhaltefolie wickeln und mindestens 2 Stunden bis maximal 4 Tage im Kühlschrank ruhen lasssen.

Den Teig herausnehmen und etwa 20 Minuten ohne Folie bei Zimmertemperatur ruhen lassen. Die Form mit dem Teig auskleiden und 30 Minuten tiefkühlen. Den Backofen auf 200 °C Ober-/Unterhitze vorheizen. Den Teig im Ofen (Mitte) etwa 16 Minuten blindbacken (s. S. 24). Herausnehmen und abkühlen lassen.

Für die Füllung die Vanilleschote längs halbieren und das Mark herauskratzen. 100 g Zucker, Speisestärke, Eigelbe und 100 ml Milch in einer Metallschüssel verrühren. Restliche Milch (400 ml) mit dem Vanillemark und der -schote in einen Topf geben und aufkochen. Vom Herd nehmen, Vanilleschote entfernen und die heiße Milch unter Rühren in die Eigelbmischung gießen.

Die Schüssel auf ein Wasserbad stellen und die Eigelbmischung zur Rose abziehen (s. S. 16). Die Creme auf dem Tarteboden verteilen und abkühlen lassen. Die Beeren abbrausen, abtropfen lassen und auf der Creme verteilen. Tortenguss nach Packungsanleitung mit 250 ml Wasser und restlichem Zucker (30 g) zubereiten und über die Beeren löffeln. Fest werden lassen.

Tarte-Varianten

Johannisbeer-Orangen-Tarte

Tarteboden backen wie im Grundrezept (s. S. 116) beschrieben. Dann die Backofentemperatur auf 160 °C Ober-/Unterhitze reduzieren.

Für die Füllung **4 Eigelbe, 100 g Zucker, 30 ml Orangenlikör, 70 ml Milch, 40 g Speisestärke** und die **abgeriebene Schale von 1 Bio-Orange** in einer Metallschüssel verrühren. **400 ml Milch** in einen Topf geben und aufkochen. Vom Herd nehmen und die heiße Milch unter Rühren in die Eigelbmischung gießen. Die Schüssel auf das Wasserbad stellen und die Eigelbmischung zur Rose abziehen (s. S. 16). **80 g Butter, 50 g Zucker** und **1 Ei** in die heiße Creme rühren. **400 g Johannisbeeren** waschen, von den Rispen befreien und unterheben.

Die Creme auf dem Tarteboden verteilen und die Tarte im Ofen (Mitte) etwa 30 Minuten backen.

Cassis-Rotwein-Tarte mit Baiser

Tarteboden backen wie im Grundrezept (s. S. 116) beschrieben. Dann die Backofentemperatur auf 160 °C Ober-/Unterhitze reduzieren.

Für die Füllung **100 g Zucker, 40 g Speisestärke, 4 Eigelbe** und **100 ml Cassis** in einer Metallschüssel verrühren. **300 ml Rotwein** und **100 ml Cassis** in einen Topf geben und aufkochen. Vom Herd nehmen und unter Rühren in die Eigelbmischung gießen. Die Schüssel auf das Wasserbad stellen und die Eigelbmischung zur Rose abziehen (s. S. 16). **100 g kalte Butter** in Flöckchen in der Creme schmelzen.

Creme auf dem Tarteboden verteilen, abkühlen lassen. Für den Baiser-Belag **3 Eiweiße** mit **1 Prise Salz** steif schlagen, **150 g Zucker** einrieseln lassen und schlagen, bis die Masse glänzt.
1 EL Speisestärke darübersieben und unterheben. Eischnee in einen Spritzbeutel füllen und kreisförmig auf die Tarte spritzen (oder einfach darauf verstreichen). Im Ofen (Mitte) etwa 20 Minuten backen. Ofen ausschalten, die Tarte 1 Stunde bei leicht geöffneter Ofentür ruhen lassen.

Mandeltarte mit Birnen

Tarteboden backen wie im Grundrezept (s. S. 116) beschrieben. Dann die Backofentemperatur auf 160 °C Ober-/Unterhitze reduzieren.

Für die Füllung **100 g Zucker, 40 g Speisestärke, 4 Eigelbe** und **100 ml Milch** in einer Metallschüssel verrühren. **300 ml Milch** und **150 ml Amaretto** in einen Topf geben und aufkochen. Vom Herd nehmen und unter Rühren in die Eigelbmischung gießen. Die Schüssel auf das Wasserbad stellen und die Eigelbmischung zur Rose abziehen (s. S. 16). In der fertigen Creme **80 g Butter** schmelzen. **50 g Zucker, 100 g gemahlene Mandeln** und **1 Ei** einrühren.

Die Creme auf dem Tarteboden verteilen. **2 Birnen** schälen, vierteln und das Kerngehäuse entfernen. Birnenviertel auf der Creme verteilen. Mit **Mandelblättchen** bestreuen. Die Tarte im Ofen (Mitte) etwa 30 Minuten backen.

Zitronentarte mit Baiser

Tarteboden backen wie im Grundrezept (s. S. 116) beschrieben. Dann die Backofentemperatur auf 160 °C Ober-/Unterhitze reduzieren.

Für die Füllung **100 g Zucker, 40 g Speisestärke, 4 Eigelbe** und **200 ml Zitronensaft** in einer Metallschüssel verrühren. Anschließend **300 ml Milch** und die **abgeriebene Schale von 1 Bio-Zitrone** in einen Topf geben und aufkochen. Vom Herd nehmen und unter Rühren in die Eigelbmischung gießen. Die Schüssel auf das Wasserbad stellen und die Eigelbmischung zur Rose abziehen (s. S. 16).

Die Creme auf dem Tarteboden verteilen und abkühlen lassen. Für den Baiser-Belag **3 Eiweiße** mit **1 Prise Salz** steif schlagen, dabei **150 g Zucker** einrieseln lassen und weiterschlagen, bis ein glänzender Eischnee entstanden ist. **1 EL Speisestärke** darüber sieben und unterheben. Eischnee auf der Creme verteilen. Im Ofen (Mitte) etwa 20 Minuten backen. Den Ofen ausschalten und die Tarte 1 Stunde bei leicht geöffneter Ofentür ruhen lassen.

Rotweinschnitten mit Portweinzwetschgen

1 Backrahmen oder Backform (26 × 26 cm)

Für die Portweinzwetschgen

500 g	Zwetschgen
70 g	Zucker
1	Zimtstange
1	Vanilleschote
30 ml	Zitronensaft
80 ml	Portwein
1 TL	Speisestärke

Für die Rotweinschnitten

200 g	weiche Butter
150 g	Zucker
50 g	Zuckerrübensirup
4	Eier, Größe L
200 g	Mehl
2 TL	Backpulver
1 EL	Kakaopulver
2 TL	Lebkuchengewürz
¼ TL	gemahlene Vanille
¼ TL	Salz
50 g	gemahlene Mandeln
100 ml	Rotwein

Puderzucker zum Bestäuben (nach Belieben)

Zunächst für die Portweinzwetschgen den Backofen auf 175 °C Ober-/Unterhitze vorheizen. Die Zwetschgen waschen, halbieren und entsteinen. Mit Zucker, Zimtstange und Vanilleschote in eine Auflaufform geben. Mit Zitronensaft und Portwein übergießen und im Ofen (Mitte) etwa 20 Minuten garen, dabei ab und zu umrühren. Die Zwetschgen sollten nicht zu weich werden. Herausnehmen und die Backofentemperatur beibehalten.

Die Zwetschgen in ein Sieb schütten und abtropfen lassen, dabei die Flüssigkeit in einem Topf auffangen. Stärke mit 2 EL kaltem Wasser glatt rühren. Die Zwetschgenflüssigkeit aufkochen und die angerührte Speisestärke einrühren. 2 Minuten köcheln lassen, vom Herd nehmen und über die Zwetschgen gießen. Am besten über Nacht, mindestens aber 5 Stunden, durchziehen lassen.

Für die Rotweinschnitten die Butter mit dem Zucker und dem Zuckerrübensirup in einer Schüssel mit dem Handrührgerät schaumig schlagen. Die Eier einzeln zugeben und gut unterrühren. Mehl, Backpulver, Kakaopulver, Lebkuchengewürz, Vanille und Salz in eine zweite Schüssel sieben und die Mandeln unterrühren. Die Mehlmischung abwechselnd mit dem Rotwein in die Butter-Ei-Mischung rühren.

Ein Backblech mit Backpapier belegen. Den Backrahmen auf das Blech stellen (oder eine entsprechende Form einfetten). Den Teig einfüllen und im Ofen (Mitte) etwa 45 Minuten backen. Herausnehmen, etwas abkühlen lassen und in Rechtecke schneiden. Nach Belieben mit Puderzucker bestäuben. Rotweinschnitten mit Portweinzwetschgen auf Desserttellern anrichten.

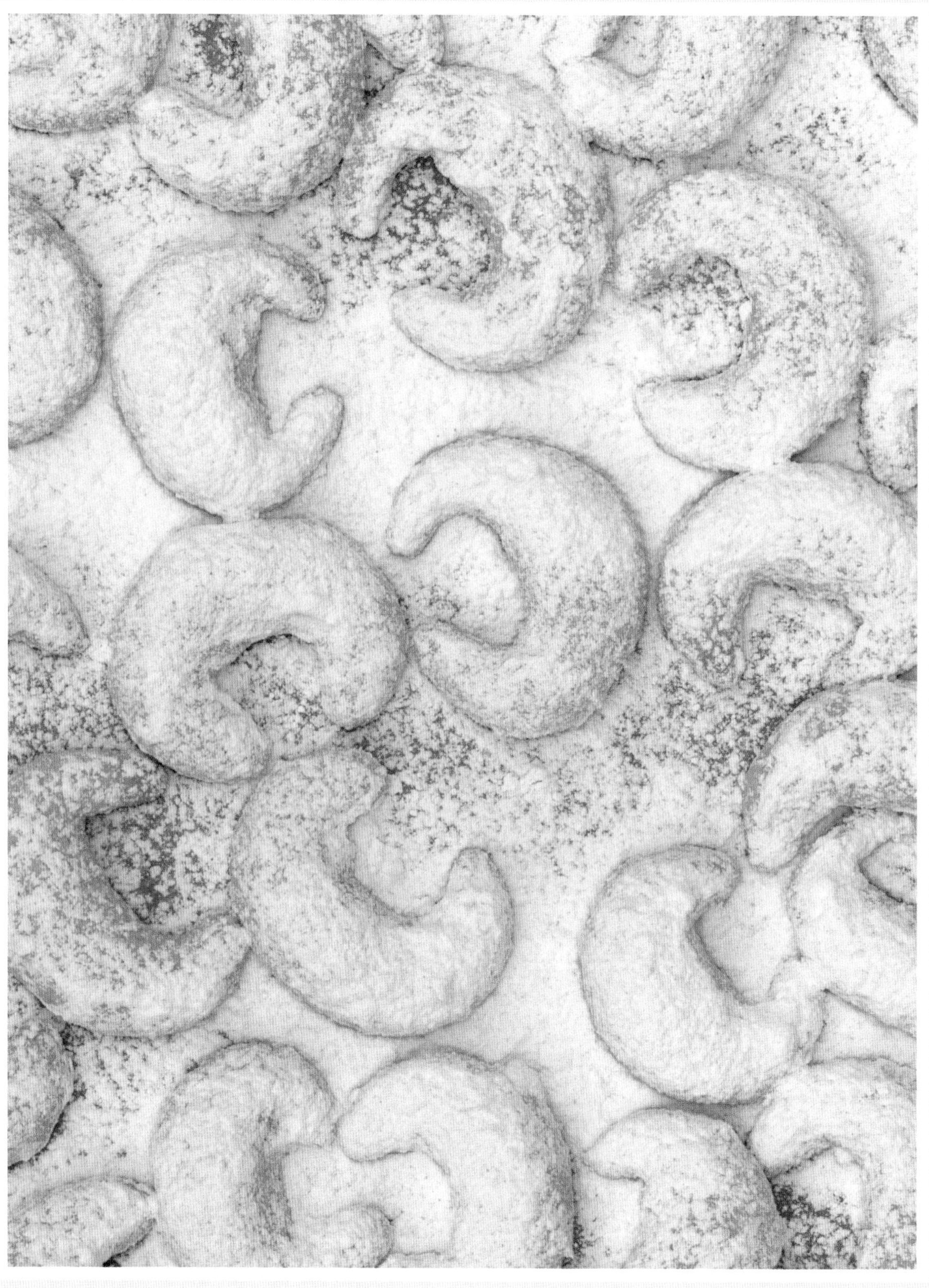

Vanillekipferl

Ergibt etwa 60 Stück

Für den Teig

200 g	weiche Butter
90 g	Zucker
2	Eigelb, Größe L
100 g	gemahlene Mandeln
280 g	Mehl
1 Prise	Salz

Für den Vanillezucker

100 g	Puderzucker
1 TL	gemahlene Vanille

Butter mit Zucker mit dem Handrührgerät schaumig schlagen. Die Eigelbe einzeln einrühren, dann die Mandeln dazugeben. Das Mehl mit dem Salz über den Teig sieben. Alles rasch verkneten. Den Teig zu zwei dicken Rollen formen, in Frischhaltefolie wickeln und 2 Stunden im Kühlschrank ruhen lassen.

Den Backofen auf 175 °C Ober-/Unterhitze vorheizen. Zwei Backbleche mit Backpapier belegen. Die Teigrollen in 1 cm dicke Scheiben schneiden. Aus jeder Scheibe einen Kipferl formen und auf die Backbleche legen. Im Ofen (Mitte) etwa 12 Minuten pro Blech backen. Herausnehmen und etwa 1–2 Minuten abkühlen lassen.

Puderzucker mit Vanille vermischen und die Kipferl vorsichtig darin wälzen. Auf einem Kuchengitter vollständig abkühlen lassen.

Rumkugeln

Ergibt etwa 40 Stück

100 g	weiche Butter
100 g	Puderzucker
280 g	Schokolade (60–70 % Kakaoanteil)
4 EL	Rum
Schokoladenstreusel	

Butter mit Puderzucker mit dem Handrührgerät schaumig schlagen. Die Schokolade hacken und über dem Wasserbad (s. S. 18–19) schmelzen. Herunternehmen und mit dem Rum unter die Buttermischung rühren. Die Masse für 1–2 Stunden in den Kühlschrank stellen. Zu Kugeln formen und in Schokoladenstreuseln wälzen (Foto, Mitte).

Kokoskugeln
Rum durch Kokoslikör ersetzen und 300 g weiße Schokolade verwenden. Die Kugeln in Kokosraspeln wälzen (Foto, unten).

Orangenkugeln
Rum durch Grand Marnier ersetzen und die Kugeln in Puderzucker wälzen.

Espressokugeln
Rum durch Kahlúa ersetzen und die Kugeln in Kakaopulver wälzen.

Amarettokugeln
Rum durch Amaretto ersetzen und die Kugeln in zerbröselten Amarettini wälzen (Foto, oben).

Tipp:

Probieren Sie weitere Varianten mit Ihrem Lieblingslikör oder -schnaps. Bedenken Sie: Je heller die Schokolade, desto süßer ist sie und desto weicher werden die Rumkugeln.

Bethmännchen

Ergibt etwa 50 Stück

Für den Teig

30 g	Mehl
400 g	Marzipanrohmasse, geraspelt
50 g	Honig
1 Prise	Salz
80 g	gemahlene Mandeln

Für die Dekoration

100 g	blanchierte Mandelkerne
3 EL	Zucker
3 EL	Rosenwasser

Den Backofen auf 160 °C Ober-/Unterhitze vorheizen. Ein Backblech mit Backpapier belegen. Das Mehl sieben. Marzipanraspel, Honig, Mehl, Salz und gemahlene Mandeln zu einem glatten Teig verkneten. Daraus kirschgroße Kugeln formen und auf das Backblech legen.

Die blanchierten Mandelkerne längs halbieren und in jede Teigkugel drei Mandelhälften drücken.

Die Bethmännchen im Ofen (Mitte) etwa 15 Minuten backen. In der Zwischenzeit Zucker und Rosenwasser in einen Topf geben und aufkochen. Den Sirup vom Herd nehmen. Die Bethmännchen herausnehmen und sofort dünn mit dem Sirup bestreichen. Dann abkühlen lassen.

Tipp:

Für die besondere Note kann man zur Verzierung Salzmandeln verwenden.

Außer-
gewöhnliches

Zitronentarte mit Heidelbeeren

1 Tarteform (Ø 28 cm)
getrocknete Hülsenfrüchte zum Blindbacken

Für den Mandelmürbeteig

100 g	kalte Butter
70 g	Puderzucker
1	Ei, Größe S
200 g	Mehl
2 EL	gemahlene Mandeln
1 Prise	Salz

Für die Zitronenfüllung

8	Eigelb, Größe L
300 g	Zucker
4 TL	abgeriebene Bio-Zitronenschale
140 ml	Zitronensaft
140 g	Butter
1 Prise	Salz

Für den Heidelbeerbelag

280 g	Heidelbeeren
70 g	Zucker
1 TL	Zitronensaft
2 EL	Speisestärke
1 EL	Zitronenzesten (nach Belieben)

Den Teig wie beim Grundrezept auf Seite 24 beschrieben zubereiten. Dabei zusammen mit dem Mehl die Mandeln zufügen (s. S. 25). Den Teig zu einer Kugel formen, in Frischhaltefolie wickeln und mindestens 2 Stunden bis maximal 4 Tage im Kühlschrank ruhen lasssen.

Den Teig herausnehmen und etwa 20 Minuten ohne Folie bei Zimmertemperatur ruhen lassen. Die Form mit dem Teig auskleiden und 30 Minuten tiefkühlen. Den Backofen auf 175 °C Ober-/Unterhitze vorheizen. Den Teig im Ofen (Mitte) etwa 14 Minuten blindbacken (s. S. 24). Herausnehmen und abkühlen lassen. In der Zwischenzeit die Backofentemperatur auf 150 °C reduzieren.

Für die Füllung Eigelbe, Zucker und Zitronenschale in einem Topf mit dem Schneebesen verrühren. Zitronensaft, Butter in Stückchen und Salz dazugeben. Auf dem Herd unter ständigem Rühren erhitzen und kurz aufkochen lassen. Vom Herd nehmen, durch ein Sieb passieren und auf dem Tarteboden verteilen. Tarte im Ofen (Mitte) etwa 15 Minuten backen. Herausnehmen und abkühlen lassen.

Für den Belag die Heidelbeeren abbrausen und abtropfen lassen. Mit Zucker, Zitronensaft und 3 EL Wasser in einen Topf geben und aufkochen. Die Speisestärke mit 4 EL Wasser glatt rühren und in die Heidelbeermasse geben. Alles noch einmal kurz aufkochen und vom Herd nehmen. Die Heidelbeermasse auf der Tarte verteilen. Vor dem Anschneiden vollständig abkühlen lassen, am besten im Kühlschrank aufbewahren. Nach Belieben mit Zitronenzesten dekorieren.

Mojito-Biskuitrolle

Für den Wiener Biskuit

30 g Mehl
25 g Speisestärke
4 Eier, Größe L
105 g Zucker
abgeriebene Schale von 1 Bio-Limette
etwa 20 schöne, große Minzblätter

Für den Sirup & die Füllung

30 g Zucker
3 EL weißer Rum
3 Blatt Gelatine (s. S. 16)
4 Stängel Minze
250 g Joghurt
abgeriebene Schale von 2 Bio-Limetten
40 g Rohrohrzucker
35 ml Limettensaft (von etwa 2 Limetten)
125 g Schlagsahne

Tipp:

Zum Kaltschlagen können Sie die Masse in der Küchenmaschine entsprechend lange schlagen. Wenn Sie mit dem Handrührgerät arbeiten, stellen Sie die Schüssel auf ein Eiswürfelbad.

Den Backofen auf 180 °C Ober-/Unterhitze vorheizen. Ein Backblech mit Backpapier belegen. Für den Wiener Biskuit Mehl und Stärke in eine Schüssel sieben. 2 Eier trennen. Eigelbe, übrige 2 Eier, 75 g Zucker und Limettenschale unter Rühren über dem Wasserbad (s. S. 19) etwa 5 Minuten hellcremig schlagen. Vom Wasserbad nehmen und kalt schlagen. Die Eiweiße steif schlagen, dabei den übrigen Zucker (30 g) nach und nach einrieseln lassen. Weiterschlagen, bis ein fester, glänzender Eischnee entstanden ist. Erst die Mehlmischung unter die Eigelbmasse ziehen, dann den Eischnee unterheben.

Die Minzblätter abbrausen und trocken tupfen. Mit der Oberseite nach unten auf dem Blech verteilen und die Masse darüber glatt verstreichen. Den Biskuit im Ofen (Mitte) etwa 15–20 Minuten backen. Herausnehmen und mit dem Backpapier auf ein feuchtes Küchentuch ziehen, damit der Biskuit formbar bleibt. Dann abkühlen lassen.

Für den Sirup den Zucker mit 70 ml Wasser in einem Topf erwärmen, bis sich der Zucker gelöst hat. Abkühlen lassen, 1 EL Rum einrühren. Für die Füllung die Gelatine in etwas kaltem Wasser einweichen. Minze abbrausen, Blätter abzupfen, trocken tupfen und fein schneiden. Joghurt mit Limettenschale, Minze, übrigem Rum (2 EL) und Rohrohrzucker verrühren. Limettensaft erwärmen (nicht kochen!) und die ausgedrückte Gelatine darin auflösen. Erst einige Löffel Joghurtmasse einrühren, dann unter die übrige Joghurtmasse ziehen. Füllung etwa 15 Minuten kühl stellen, bis sie zu gelieren beginnt. Dann die Sahne steif schlagen und unterheben.

Den Biskuit umdrehen und das Backpapier abziehen. Biskuit wieder wenden und die Ränder bei Bedarf begradigen. Boden erst mit Sirup beträufeln, dann mit der Füllung bestreichen. Von der breiten Seite her aufrollen. Die Biskuitrolle auf eine Kuchenplatte setzen und im Kühlschrank mindestens 1 Stunde fest werden lassen.

Weiße Trüffeltarte mit Himbeeren

1 Tarteform mit Hebeboden (Ø 28 cm)
getrocknete Hülsenfrüchte zum Blindbacken

Für den Mandelmürbeteig

100 g	kalte Butter
70 g	Puderzucker
1	Ei, Größe S
200 g	Mehl
2 EL	gemahlene Mandeln
1 Prise	Salz

Für die Füllung

300 g	Himbeeren (frisch oder tiefgekühlt)
70 g	Zucker
1 TL	Zitronensaft
1 Prise	Salz
2 EL	Speisestärke

Für die Creme

150 ml	Crème double (oder Schlagsahne)
70 g	Butter
300 g	weiße Schokolade

Für die Dekoration

2 Riegel	weiße Schokolade

Variante:

Eine besondere Geschmacksnote bekommt diese Tarte, wenn Sie beim Zubereiten der Trüffelcreme 2 EL Mohn unter die Crème double mischen.

Den Teig wie beim Grundrezept auf Seite 24 beschrieben zubereiten. Dabei zusammen mit dem Mehl die Mandeln zufügen (s. S. 25). Den Teig zu einer Kugel formen, in Frischhaltefolie wickeln und mindestens 2 Stunden bis maximal 4 Tage im Kühlschrank ruhen lasssen.

Den Teig herausnehmen und etwa 20 Minuten ohne Folie bei Zimmertemperatur ruhen lassen. Die Form mit dem Teig auskleiden und 30 Minuten tiefkühlen. Den Backofen auf 175 °C Ober-/Unterhitze vorheizen. Den Teig im Ofen (Mitte) etwa 18 Minuten blindbacken (s. S. 24). Herausnehmen und abkühlen lassen.

Für die Füllung die Himbeeren abbrausen bzw. auftauen und abtropfen lassen. Die Himbeeren mit 100 ml Wasser, Zucker, Zitronensaft, Salz und Speisestärke in einem Topf verrühren. Bei mittlerer Hitze unter Rühren aufkochen und köcheln lassen, sodass die Mischung etwas eindickt. Die Füllung auf dem Tarteboden verteilen und die Tarte für 30 Minuten in den Kühlschrank stellen.

In der Zwischenzeit die Crème double und die Butter für die Creme in einem Topf aufkochen. Die Schokolade fein hacken oder reiben, in eine Schüssel geben und die heiße Crème-double-Mischung darübergießen. Alles verrühren, bis die gesamte Schokolade geschmolzen ist. Die Trüffelcreme vorsichtig auf die gekühlte Tarte gießen. Die Tarte nochmals für 2 Stunden in den Kühlschrank stellen und fest werden lassen.

Mit einem Sparschäler von den weißen Schokoladenriegeln Späne abziehen und die fertige Tarte damit dekorieren.

Anniks
Klassiker

Apfel-Schichtkuchen

1 Springform (Ø 26 cm)

Für die Füllung

1 kg	Äpfel
2 EL	Zitronensaft
100 g	Crème fraîche

Für den Teig

150 g	weiche Butter, plus mehr für die Form
250 g	Zucker
¼ TL	gemahlene Vanille
4	Eier, Größe L
300 g	Mehl
2½ TL	Backpulver
1 TL	gemahlener Zimt
¼ TL	Salz
2 EL	Milch
1 EL	Rum
3 EL	Zimtzucker

Den Backofen auf 175 °C Ober-/Unterhitze vorheizen. Die Springform mit Butter einfetten. Die Äpfel schälen, vierteln, dabei das Kerngehäuse entfernen, das Fruchtfleisch in dünne Spalten schneiden. Apfelspalten mit dem Zitronensaft und der Crème fraîche vermischen und beiseitestellen.

Für den Teig Butter, Zucker und Vanille in einer Schüssel mit dem Handrührgerät schaumig schlagen. Die Eier einzeln gut einrühren. Mehl, Backpulver, Zimt und Salz in eine zweite Schüssel sieben. Anschließend Mehlmischung, Milch und Rum in die Butter-Ei-Masse rühren.

Ein Drittel Teig in der Springform verstreichen. Die Hälfte der Apfelfüllung auf dem Boden verteilen, gefolgt vom zweiten Drittel Teig, den restlichen Apfelspalten und schließlich dem restlichen Teig. Oberfläche glatt streichen.

Den Kuchen mit Zimtzucker bestreuen. Dann im Ofen (Mitte) 1 Stunde 10 Minuten backen. Herausnehmen und 15 Minuten in der Form abkühlen lassen. Den Springformrand entfernen und den Kuchen vollständig abkühlen lassen. Nach Belieben mit einem Tupfer Crème fraîche servieren.

Brombeer-Cheesecake ohne Backen

1 Springform (Ø 20 cm)

Für den Boden

40 g	Butter
50 g	Nusskerne (nach Wahl), gehackt
50 g	Butterkekse, zerkrümelt (s. Tipp)
40 g	Schokolade (60–70% Kakaoanteil), fein gehackt

Für den Belag & die Creme

280 g	Brombeeren
3½ Blatt	Gelatine (s. S. 16)
250 g	Doppelrahmfrischkäse
75 g	Zucker
75 ml	Zitronensaft
75 g	Schlagsahne

Für den Boden die Butter zerlassen. Nusskerne, Butterkekse und Schokolade mischen und mit der zerlassenen Butter verrühren. Den Boden der Springform mit Backpapier belegen und die Mischung darin festdrücken, das geht am besten mit einem Löffelrücken.

Für den Belag die Brombeeren abbrausen. Dann 200 g Brombeeren trocken tupfen und auf dem Boden verteilen. Die restlichen Brombeeren (80 g) pürieren. Gelatine in etwas kaltem Wasser einweichen. Frischkäse mit dem Zucker verrühren. Zitronensaft erwärmen (nicht kochen!) und die ausgedrückte Gelatine darin auflösen. 1 EL Gelatinemischung mit dem Beerenpüree verrühren und beiseitestellen. Erst einige Löffel Frischkäsemasse in die restliche Gelatinemischung rühren, dann mit der übrigen Frischkäsemasse verrühren. Kühl stellen. Sobald sie zu gelieren beginnt, die Sahne steif schlagen und unterheben.

Die Creme auf den Brombeeren verteilen. Das Beerenpüree daraufgeben und so mit der Creme verrühren, dass eine schöne Marmorierung entsteht. Den Kuchen im Kühlschrank 3 Stunden fest werden lassen. Dann erst aus der Form lösen.

Tipp:

Kekse zum Zerkrümeln am besten in einen Gefrierbeutel geben und mit dem Nudelholz zerkleinern. Man kann die Kekse auch im Mixer fein mahlen.

Brombeertarte mit weißer Schokolade

**2 rechteckige Tarteformen (à 36 × 12 cm)
oder 1 Tarteform (Ø 28 cm)
getrocknete Hülsenfrüchte zum Blindbacken**

Für den Mürbeteig

100 g	kalte Butter
50 g	Puderzucker
¼ TL	gemahlene Vanille
1	Ei, Größe S
220 g	Mehl
1 Prise	Salz

Für den Belag

200 g	weiße Schokolade
200 g	Schlagsahne
40 g	Zucker
1 Prise	Salz
70 g	weiche Butter
2	Eier, Größe L
400 g	Brombeeren
2 EL	Mandelblättchen

Den Teig wie beim Grundrezept auf Seite 24 beschrieben zubereiten. Den Teig zu einer Kugel formen, in Frischhaltefolie wickeln und mindestens 2 Stunden bis maximal 4 Tage im Kühlschrank ruhen lasssen.

Den Teig herausnehmen und etwa 20 Minuten ohne Folie bei Zimmertemperatur ruhen lassen. Die Form mit dem Teig auskleiden und 30 Minuten tiefkühlen. Den Backofen auf 200 °C Ober-/Unterhitze vorheizen. Den Teig im Ofen (Mitte) etwa 16 Minuten blindbacken (s. S. 24). Herausnehmen und abkühlen lassen. Die Backofentemperatur auf 175 °C Ober-/Unterhitze reduzieren.

Für die Schokoladenmasse die Schokolade hacken. Sahne, Zucker und Salz in einem Topf aufkochen. Den Topf vom Herd nehmen. In der Sahne zuerst die weiße Schokolade und dann die Butter schmelzen. Eier verquirlen und unter ständigem Rühren dazugeben.

Die Brombeeren abbrausen, trocken tupfen und auf dem Tarteboden verteilen. Die Schokoladenmasse darübergeben. Mit Mandelblättchen bestreuen. Die Brombeertarte im Ofen (Mitte) etwa 30 Minuten backen. Herausnehmen und abkühlen lassen.

Chai-Trüffel-Tarte

1 Tarteform (Ø 28 cm)
getrocknete Hülsenfrüchte zum Blindbacken

Für den Boden

100 g	kalte Butter
1 TL	abgeriebene Bio-Limettenschale
70 g	Puderzucker
1	Ei, Größe S
200 g	Mehl, plus mehr zum Verarbeiten
2 EL	gemahlene Mandeln
1 Prise	Salz

Für die Füllung & Dekoration

430 g	weiße Schokolade
40 g	weiche Butter
20 g	Chai-Teeblätter (z. B. Schuhbecks Schwarzer Tee Vanille-Chai)
140 g	Schlagsahne
200 g	Kondensmilch (10 % Fett)
2 EL	flüssiger Honig
1 Prise	Salz
2 EL	Nusskerne (nach Wahl)

Den Teig wie beim Grundrezept auf Seite 24 beschrieben zubereiten, dabei die Limettenschale mit der Butter vermengen und zusammen mit dem Mehl die Mandeln zufügen (s. S. 25). Den Teig zu einer Kugel formen, in Frischhaltefolie wickeln und mindestens 1 Stunde im Kühlschrank ruhen lassen.

Den Teig herausnehmen und etwa 20 Minuten ohne Folie bei Zimmertemperatur ruhen lassen. Danach den Teig auf einer bemehlten Arbeitsfläche ausrollen und in die Form geben, dabei einen Rand hochziehen (wer mag, kann aus Teigresten kleine Sterne und Herzen ausstechen und auf den Teigrand setzen.) Form für mindestens 30 Minuten tiefkühlen.

Den Backofen auf 200 °C Ober-/Unterhitze vorheizen. Den Teig im Ofen (Mitte) etwa 18 Minuten blindbacken (s. S. 24). Herausnehmen und abkühlen lassen.

Für die Füllung die Schokolade hacken und mit der Butter in eine große Schüssel geben. Teeblätter, Sahne, Kondensmilch, 1 EL Honig und Salz in einen Topf füllen und einmal aufkochen. Vom Herd nehmen und 2 Minuten ziehen lassen. Durch ein Sieb über die Schokolade-Butter-Mischung gießen und alles verrühren, bis die Schokolade geschmolzen ist. Auf den abgekühlten Tarteboden gießen und im Kühlschrank mindestens 2 Stunden fest werden lassen. Vor dem Servieren mit dem restlichen Honig (1 EL) beträufeln. Die Nusskerne hacken und auf die Tarte streuen.

Cheesecake mit Pfirsich-Rosmarin-Gelee

1 Springform (Ø 26 cm)

Für den Boden
120 g Zwieback
75 g gemahlene Mandeln
60 g Butter

Für die Füllung
100 g weiße Schokolade
1 kg Doppelrahmfrischkäse
270 g Zucker
1 Prise Salz
1 Msp. gemahlene Vanille
6 EL Zitronensaft
abgeriebene Schale von 1 Bio-Zitrone
4 Eier, Größe L
50 g Mehl

Für den Guss
280 g Sauerrahm
1 Msp. gemahlene Vanille
50 g Zucker

Für das Gelee
7 Blatt Gelatine (s. S. 16)
1 gr. Dose Pfirsiche (470 g Abtropfgewicht)
75 g Zucker
3 EL Zitronensaft
1 Prise Salz
2 Rosmarinzweige

Für den Boden den Zwieback in einem Gefrierbeutel zerkrümeln (s. Tipp S. 138). Die Mandeln in einer beschichteten Pfanne ohne Fett rösten. Die Butter zerlassen, mit Bröseln und Mandeln mischen. Den Springformboden mit Backpapier belegen, die Mischung darin festdrücken. Den Backofen auf 130 °C Ober-/Unterhitze vorheizen.

Für die Füllung die Schokolade hacken und über dem Wasserbad schmelzen (s. S. 18–19). Frischkäse, Zucker, Salz, Vanille, Zitronensaft und -schale glatt rühren. Die Schokolade einrühren, anschließend die Eier und zum Schluss das Mehl. Nach der Zugabe der Eier nur so lange rühren, bis die Masse homogen ist, damit nicht zu viel Luft in den Teig gerät. Sonst würde der Kuchen zu sehr aufgehen und wieder zusammenfallen.

Die Frischkäsemasse vorsichtig auf dem Zwiebackboden verteilen und den Kuchen im Ofen (Mitte) etwa 50–60 Minuten backen. Der gebackene Kuchen sollte sich in der Mitte noch etwas bewegen, wenn man gegen den Rand der Form stößt. Er wird dann beim Erkalten vollständig fest.

Kurz vor Ende der Backzeit Sauerrahm, Vanille und Zucker für den Guss verrühren. Auf den Kuchen geben und weitere 5 Minuten backen. Danach den Backofen abschalten. Kuchen 2 Stunden im geschlossenen Backofen stehen lassen, dann bei Zimmertemperatur abkühlen lassen.

Für das Gelee die Gelatine in etwas kaltem Wasser einweichen. Pfirsiche in einem Sieb abtropfen lassen, mit Zucker, Zitronensaft und Salz in einem Topf pürieren. Rosmarin abbrausen, dazugeben, alles kurz aufkochen. Topf vom Herd nehmen. Püree abschmecken, den Rosmarin nach Belieben noch länger darin ziehen lassen. Dann entfernen.

Die ausgedrückte Gelatine in 3 EL Püree auflösen, dann unter das restliche Püree ziehen. Masse etwas abkühlen lassen, auf dem Kuchen verteilen. Kuchen im Kühlschrank 2 Stunden fest werden lassen und erst dann aus der Form lösen.

Anniks
Klassiker

Dreischicht-Schokotarte

1 Tarteform mit Hebeboden (Ø 28 cm)
getrocknete Hülsenfrüchte zum Blindbacken

Für den Boden

100 g	kalte Butter
60 g	Puderzucker
1	Ei, Größe S
180 g	Mehl
10 g	Kakaopulver
1 Prise	gemahlener Zimt
30 g	gemahlene Haselnüsse
1 Prise	Salz

1. Schicht der Füllung

300 g	weiße Schokolade
150 g	Schlagsahne

2. Schicht der Füllung

250 g	Vollmilchschokolade
150 g	Schlagsahne

3. Schicht der Füllung

200 g	Schokolade (70–75% Kakaoanteil)
125 g	Schlagsahne
20 g	Butter

Den Teig wie im Grundrezept auf Seite 24 beschrieben zubereiten. Dabei zusammen mit dem Mehl Kakaopulver, Zimt und Haselnüsse zufügen. Anschließend zu einer Kugel formen, in Frischhaltefolie wickeln und mindestens 2 Stunden bis maximal 4 Tage im Kühlschrank ruhen lassen. Den Teig herausnehmen und etwa 20 Minuten ohne Folie bei Zimmertemperatur ruhen lassen. Den Backofen auf 175 °C Ober-/Unterhitze vorheizen. Teig in die Form geben und die Tarte etwa 18 Minuten blindbacken (s. S. 24). Herausnehmen und abkühlen lassen.

Für die erste, weiße Schicht die Schokolade hacken. Die Sahne in einem Topf aufkochen. Die Schokolade in eine Schüssel geben und die heiße Sahne darübergießen. Rühren, bis die gesamte Schokolade geschmolzen ist. Schokoladenmischung auf dem Tarteboden verteilen, im Kühlschrank mindestens 1 Stunde fest werden lassen.

Für die zweite, hellbraune Schicht die Schokolade hacken. Die Sahne in einem Topf aufkochen. Die Schokolade in eine Schüssel geben und die heiße Sahne darübergießen. Rühren, bis die gesamte Schokolade geschmolzen ist. Auf der fest gewordenen weißen Schokoladenschicht verteilen und im Kühlschrank wieder mindestens 1 Stunde fest werden lassen.

Für die dritte, dunkle Schicht die Schokolade hacken. Die Sahne in einem Topf aufkochen. Die Schokolade in eine Schüssel geben und die heiße Sahne darübergießen. 3 Minuten ruhen lassen und verrühren, bis die gesamte Schokolade geschmolzen ist. Butter dazugeben und unterrühren. Auf der fest gewordenen Vollmilchschokoladenschicht verteilen und im Kühlschrank wieder mindestens 1 Stunde fest werden lassen.

Anniks
Klassiker

Walnuss-Birnen-Kuchen mit Frischkäseguss

1 Springform (Ø 26 cm)

Für den Boden

Butter für die Form
180 g Mehl
1½ TL gemahlener Zimt
1½ TL gemahlene Muskatnuss
¼ TL gemahlene Vanille
1½ TL Natron
½ TL Salz
500 g Birnen (oder 1 Dose Birnen, 460 g Abtropfgewicht)
150 g Walnusskerne
3 Eier, Größe L
200 g Zucker
1 EL Melasse (s. Tipp S. 87)
200 ml Sonnenblumenöl

Für den Frischkäseguss

500 g Doppelrahmfrischkäse
200 g Puderzucker
125 g weiche Butter

Den Backofen auf 175 °C Ober-/Unterhitze vorheizen. Die Springform mit Butter einfetten. Für den Teig Mehl, Zimt, Muskat, Vanille, Natron und Salz in eine Schüssel sieben.

Birnen schälen, vom Kerngehäuse befreien und raspeln oder in kleine Stücke schneiden. Bei Verwendung von Dosenbirnen diese vorher gut abtropfen lassen. Walnusskerne hacken.

Eier, Zucker und Melasse mit dem Handrührgerät zu einer hellschaumigen Masse schlagen. Das Öl einrühren und dann die Mehlmischung, Birnen und Walnusskerne unter den Teig heben. Den Teig in die Form füllen, im Ofen (Mitte) etwa 50–60 Minuten backen. Eine Garbprobe durchführen (s. S. 16).

Den Kuchen aus dem Ofen nehmen. 30 Minuten in der Form abkühlen lassen, dann den Ring der Springform entfernen und den Kuchen vollständig abkühlen lassen.

Für den Guss Frischkäse und Puderzucker glatt rühren. Die weiche Butter in kleinen Portionen nach und nach einrühren. Die Masse auf dem Kuchen verteilen.

Anniks
Klassiker

Bananenkranz mit Erdnussfüllung

1 Kranzform (Ø 26 cm)

Für den Teig

500 g	Bananen (etwa 5 Stück)
120 ml	Buttermilch
100 ml	Bananenlikör
2 TL	Zitronensaft
200 g	Mehl
50 g	Speisestärke
2 TL	Natron
1 TL	Backpulver
1 Prise	Salz
200 g	weiche Butter, plus mehr für die Form
250 g	Zucker
1 Msp.	gemahlene Vanille
4	Eier, Größe L

Für die Füllung

125 g	Schokolade (50–60 % Kakaoanteil)
300 g	Erdnusscreme ohne Stückchen
50 g	Puderzucker

Für die Glasur und Dekoration

125 g	Schokolade (70–75 % Kakaoanteil)
80 g	Schlagsahne

Schokoröllchen

Für den Teig die Bananen schälen, zerdrücken und mit Buttermilch, Bananenlikör und Zitronensaft vermischen. Mehl, Speisestärke, Natron, Backpulver und Salz in eine andere Schüssel sieben. Den Backofen auf 150 °C Ober-/Unterhitze vorheizen. Die Kranzform mit Butter einfetten.

Die Butter in einer Schüssel mit dem Handrührgerät schaumig schlagen, Zucker und Vanille zugeben. Dann jedes Ei mindestens 30 Sekunden unterrühren. Die Mehlmischung abwechselnd mit der Bananenmischung in den Teig rühren.

Den Teig in die Form füllen und im Ofen (Mitte) etwa 1 Stunde backen. Herausnehmen und 15 Minuten in der Form abkühlen lassen. Anschließend mit einem Messer vom Springformrand lösen, den Kuchen aus der Form nehmen und vollständig abkühlen lassen.

Für die Füllung die Schokolade hacken und über dem Wasserbad schmelzen (s. S. 18–19). Erdnusscreme und Puderzucker in einer kleinen Schüssel glatt rühren, die Schokolade unterziehen.

Den abgekühlten Kranz zweimal quer durchschneiden. Den oberen Boden zurück in die Form legen und die Hälfte der Füllung darauf verteilen. Den mittleren Boden auflegen und leicht andrücken. Restliche Creme darauf verteilen und mit dem letzten Boden abdecken. Den gefüllten Kranz im Kühlschrank 1 Stunde fest werden lassen. Anschließend auf eine Kuchenplatte stürzen.

Für die Glasur die Schokolade grob hacken. Sahne aufkochen und über die Schokolade gießen, 3 Minuten ruhen lassen und so lange verrühren, bis die Schokolade geschmolzen ist. Den Kranz rundum mit Schokoladenguss bestreichen und mit den Schokoröllchen dekorieren.

Himbeer-Baiser-Tarte

1 Tarteform (Ø 28 cm)
getrocknete Hülsenfrüchte zum Blindbacken

Für den Mürbeteig

100 g	kalte Butter
50 g	Puderzucker
¼ TL	gemahlene Vanille
1	Ei, Größe S
220 g	Mehl
1 Prise	Salz

Für die Füllung

600 g	Himbeeren, plus mehr zum Dekorieren
50 ml	Zitronensaft
375 g	Zucker
6	Eier, Größe L
40 g	Speisestärke
80 g	kalte Butter
1 Prise	Salz

Tipp:

Wem das Schlagen über dem Wasserbad zu mühsam ist, schlägt Eiweiß auf konventionelle Art und Weise steif. Es ist dann allerdings nicht ganz so stabil.

Den Teig wie beim Grundrezept auf Seite 24 beschrieben zubereiten. Den Teig zu einer Kugel formen, in Frischhaltefolie wickeln und mindestens 2 Stunden bis maximal 4 Tage im Kühlschrank ruhen lasssen.

Den Teig herausnehmen und etwa 20 Minuten ohne Folie bei Zimmertemperatur ruhen lassen. Die Form mit dem Teig auskleiden und 30 Minuten tiefkühlen. Den Backofen auf 200 °C Ober-/ Unterhitze vorheizen. Den Teig im Ofen (Mitte) etwa 16 Minuten blindbacken (s. S. 24). Herausnehmen und abkühlen lassen.

Für die Füllung die Himbeeren abbrausen und 600 g davon mit 100 ml Wasser, 40 ml Zitronensaft sowie 40 g Zucker in einen Topf geben und aufkochen. Köcheln lassen, bis sie zerfallen. Dann durch ein Sieb passieren. 400 ml Püree abmessen. Die Eier trennen. Eigelbe, 35 g Zucker und Speisestärke in einer Schüssel verrühren. Das Himbeerpüree unter Rühren in die Eigelbmischung gießen. Alles wieder in den Topf geben und erneut aufkochen. Ein paarmal aufwallen lassen. Vom Herd nehmen, durch ein Sieb passieren. Die Butter darin schmelzen. Füllung auf dem Tarteboden verteilen, abkühlen lassen.

Den Backofengrill einschalten. Eiweiße, Salz, restlichen Zucker (300 g) und restlichen Zitronensaft (10 ml) in eine Metallschüssel geben. Über dem Wasserbad aufschlagen (s. S. 19), bis der Zucker sich gelöst hat und die Masse eine Temperatur von etwa 65 °C erreicht hat. Die Schüssel herunternehmen und die Masse auf hoher Stufe weiterschlagen, bis sie fast abgekühlt ist. 80 ml des restlichen Himbeerpürees abmessen und unter den Eischnee heben. Eischnee auf der Himbeermasse verteilen. Die Tarte im Ofen (Mitte) etwa 1–2 Minuten nach Sicht überbacken. Herausnehmen, sobald der Eischnee gebräunt ist. Das geht sehr schnell! Die Tarte abkühlen lassen. Die Tarte mit den restlichen Himbeeren dekorieren.

Granatapfel-Cheesecake

1 Tortenring (Ø 24 cm)

Für den Boden

150 g	Vollkornbutterkekse
80 g	weiße Schokolade
100 g	kalte Butter

Für die Füllung

6 Blatt	Gelatine (s. S. 16)
400 g	Doppelrahmfrischkäse
150 g	Mascarpone
110 g	Zucker
1/4 TL	gemahlene Vanille
1 Prise	Salz
125 ml	Grenadinesirup
2 EL	Zitronensaft
200 g	Schlagsahne
2	Granatäpfel
1 Pck.	Tortenguss

Tipp:

Das Herauslösen der Granatapfelkerne funktioniert am besten in einer Schüssel mit Wasser, dann spritzt es nicht so.

Für den Boden die Butterkekse in einem Gefrierbeutel zerkrümeln (s. Tipp S. 138), dann in eine Schüssel geben. Schokolade hacken und die Butter würfeln, beides in einer Metallschüssel über dem Wasserbad schmelzen (s. S. 18–19). Über die Keksbrösel geben. Alles gut vermischen. Den Tortenring auf eine Kuchenplatte stellen und die Keksbrösel darin festdrücken.

Für die Füllung Gelatine in etwas kaltem Wasser einweichen. Frischkäse, Mascarpone, 80 g Zucker, Vanille und Salz glatt rühren. Grenadinesirup und Zitronensaft in einem kleinen Topf erwärmen (nicht kochen) und die ausgedrückte Gelatine darin auflösen. Gelatinemischung zügig unter einen Teil der Käsemasse rühren, dann die restliche Käsemasse zufügen. Danach kühl stellen. Sobald die Mischung geliert, die Sahne steif schlagen und unterheben. Die Masse auf dem Boden im Tortenring verteilen und glatt streichen. 2 Stunden im Kühlschrank fest werden lassen.

Für den Belag Granatäpfel aufbrechen und die Kerne herauslösen. Die Kerne auf dem Kuchen verteilen. Tortenguss nach Packungsanleitung mit dem restlichen Zucker (30 g) und Wasser zubereiten. Über die Granatapfelkerne löffeln. Im Kühlschrank 30 Minuten fest werden lassen. Vor dem Servieren den Tortenring entfernen.

Schokoladen-Bananen-Tarte

1 Tarteform mit Hebeboden (Ø 28 cm)
getrocknete Hülsenfrüchte zum Blindbacken

Für den Schokoladenmürbeteig

100 g	kalte Butter
50 g	Puderzucker
1/4 TL	gemahlene Vanille
1	Ei, Größe S
190 g	Mehl
30 g	Kakaopulver
1 Prise	Salz

Für die Füllung

200 g	reife Bananen (etwa 2 Stück)
150 ml	Maracujasaft
1 TL	Zitronensaft
5	Eier, Größe L
60 g	Zucker
1 Prise	Salz
140 g	kalte Butter

Für den Belag & die Dekoration

175 g	Schokolade (70% Kakaoanteil)
70 g	weiche Butter
1 TL	Honig

Bananenchips zum Verzieren

Den Teig wie beim Grundrezept auf Seite 24 beschrieben zubereiten. Dabei zusammen mit dem Mehl das Kakaopulver zufügen (s. S. 25). Den Teig zu einer Kugel formen, in Frischhaltefolie wickeln und mindestens 2 Stunden bis maximal 4 Tage im Kühlschrank ruhen lasssen.

Den Teig herausnehmen und etwa 20 Minuten ohne Folie bei Zimmertemperatur ruhen lassen. Die Form mit dem Teig auskleiden und 30 Minuten tiefkühlen. Den Backofen auf 180 °C Ober-/Unterhitze vorheizen. Den Teig im Ofen (Mitte) etwa 18 Minuten blindbacken (s. S. 24). Herausnehmen und abkühlen lassen.

In der Zwischenzeit die Füllung zubereiten. Dazu die Bananen schälen und in Stücke schneiden. Mit dem Maracuja- und Zitronensaft in einem Topf pürieren. Eier, Zucker und Salz nacheinander mit dem Schneebesen einrühren. Alles unter Rühren erwärmen, bis die Masse fast kocht. Den Topf vom Herd nehmen und die kalte Butter in kleinen Würfeln mit dem Stabmixer einarbeiten. Die Masse auf dem Tarteboden verteilen und abkühlen lassen.

Für den Belag Schokolade hacken und die Butter würfeln. Beides mit dem Honig in einer Metallschüssel über dem Wasserbad schmelzen (s. S. 18–19). Herunternehmen und auf die Bananenfüllung gießen. Bananenchips dekorativ auf der Schokolade verteilen. Tarte im Kühlschrank mindestens 2 Stunden, am besten über Nacht, fest werden lassen. Erst kurz vor dem Servieren aus der Form lösen.

Anniks
Klassiker

Schokoladenkuchen mit Roter Bete

1 Springform (Ø 24–26 cm)

Für den Teig

400 g	vorgegarte, geschälte Rote Beten
250 g	Schokolade (70 % Kakaoanteil)
250 g	kalte Butter, plus mehr für die Form
280 g	Zucker
6	Eier, Größe L
100 g	Mehl

Für den Belag

300 g	Crème fraîche
100 g	Mascarpone

Den Backofen auf 175 °C Ober-/Unterhitze vorheizen. Die Springform mit Butter einfetten. Die Roten Beten abtropfen lassen, pürieren oder fein raspeln. Etwas vom Saft für den Belag aufheben. Schokolade hacken und die Butter würfeln, beides in einer Metallschüssel über dem Wasserbad schmelzen (s. S. 18–19). Anschließend etwas abkühlen lassen.

Danach 260 g Zucker in die Schokoladenmasse rühren, dann die Eier und die Roten Beten. Zum Schluss das Mehl darübersieben und unterrühren. Den Teig in die Springform geben. Im Ofen (Mitte) etwa 40 Minuten backen. Herausnehmen und abkühlen lassen.

Crème fraîche mit Mascarpone und restlichem Zucker (20 g) glatt rühren. Ein paar Teelöffel Rote-Bete-Saft einrühren, damit die Masse sich rosa färbt. Die Creme auf dem Kuchen verteilen.

Apfeltarte mit Tofu

1 Tarteform (Ø 28 cm)
getrocknete Hülsenfrüchte zum Blindbacken

Für den Boden

100 ml	Sonnenblumenöl
60 g	Zucker
250 g	Mehl
¼ TL	Backpulver
¼ TL	Salz

Für die Füllung

400 g	Seidentofu
60 g	Zucker
¼ TL	gemahlene Vanille
1 TL	gemahlener Zimt
10 ml	Sonnenblumenöl
1 EL	Speisestärke
3–4	Äpfel
1 EL	Zitronensaft
2 EL	Mandelblättchen

Für den Teig Sonnenblumenöl, Zucker sowie 60 ml kaltes Wasser in einer Schüssel verquirlen. Mehl, Backpulver und Salz in eine zweite Schüssel sieben. Rasch in die flüssige Mischung rühren, bis sich alles verbunden hat. Den Teig zu einer Kugel formen, in Frischhaltefolie wickeln und mindestens 2 Stunden im Kühlschrank ruhen lassen.

Danach den Teig ohne Folie etwa 20 Minuten bei Zimmertemperatur ruhen lassen. Die Form mit dem Teig auskleiden und 30 Minuten tiefkühlen. Den Backofen auf 200 °C Ober-/Unterhitze vorheizen. Den Teig im Ofen (Mitte) etwa 18 Minuten blindbacken (s. S. 24). Herausnehmen und abkühlen lassen. Die Backofentemperatur auf 175 °C Ober-/Unterhitze reduzieren.

Für die Füllung Tofu mit Zucker, Vanille, Zimt, Sonnenblumenöl und Speisestärke glatt rühren. Die Äpfel schälen, vierteln, das Kerngehäuse entfernen und das Fruchtfleisch in Spalten schneiden. Mit dem Zitronensaft vermischen und auf dem vorgebackenen Tarteboden verteilen. Die Tofumischung auf den Äpfeln verteilen und mit Mandelblättchen bestreuen. Tarte im Ofen (Mitte) noch etwa 30 Minuten backen.

Tipp:

Falls der Teig zu bröselig ist, etwas Wasser zugeben. Sollte er zu weich sein, etwas mehr Mehl.

Süßkartoffel-Cheesecake

1 Springform (Ø 26 cm)

Für den Boden

60 g	Butter
120 g	Vollkornbutterkekse
70 g	Walnuskerne
80 g	Zucker
1 TL	Melasse (s. Tipp S. 87)

Für die Füllung

400 g	Süßkartoffeln
1 TL	Salz
255 g	Zucker
700 g	Doppelrahmfrischkäse
200 g	Mascarpone
1 EL	Melasse
1 Msp.	gemahlene Vanille
2 TL	gemahlener Zimt
1 Prise	Salz
4	Eier, Größe L
2 EL	Speisestärke

Für den Guss

300 g	Sauerrahm
1 Msp.	gemahlene Vanille
50 g	Zucker

Für den Karamellüberzug

70 g	Karamellbonbons
2 EL	Schlagsahne

Für den Boden die Butter zerlassen und die Butterkekse in einem Gefrierbeutel fein zerkrümeln (s. Tipp S. 138). Walnusskerne grob hacken, in einer beschichteten Pfanne ohne Fett rösten.

Kekskrümel, Nüsse, Zucker und Melasse vermischen und die flüssige Butter zugeben. Verrühren, bis alles gut durchfeuchtet ist. Auf dem Boden der Springform verteilen und festdrücken.

Für die Füllung die Süßkartoffeln schälen, waschen und würfeln. In einen Topf geben, Salz und 1 EL Zucker zugeben, alles mit Wasser bedecken und die Kartoffeln weich kochen.

Das Wasser abgießen, die Kartoffeln pürieren und 300 g abwiegen. Sollte etwas übrig bleiben: Das Püree schmeckt auch pur ganz vorzüglich. Den Backofen auf 130 °C Ober-/Unterhitze vorheizen.

In einer Schüssel Frischkäse und Mascarpone glatt rühren. Süßkartoffelpüree, restlichen Zucker (240 g), Melasse, Vanille, Zimt und Salz dazugeben, dann die Eier und zum Schluss die Speisestärke. Nach der Zugabe der Eier nur so lange rühren, bis die Masse homogen ist, damit nicht zu viel Luft hineinkommt. Sonst würde der Kuchen zu sehr aufgehen und dann wieder zusammenfallen.

Die Frischkäsemasse vorsichtig auf dem Boden verteilen und den Kuchen im Ofen (Mitte) etwa 1 Stunde backen. Der gebackene Kuchen sollte sich in der Mitte noch etwas bewegen, wenn man gegen den Rand der Form stößt. Er wird dann beim Erkalten vollständig fest.

Kurz vor dem Ende der Backzeit für den Guss Sauerrahm, Vanille und Zucker glatt rühren, auf den gebackenen Kuchen geben und diesen weitere 5 Minuten backen. Den Backofen ausschalten und die Backofentür möglichst nicht öffnen. Den Kuchen 2 Stunden im Ofen stehen und dann bei Zimmertemperatur abkühlen lassen.

Für den Karamellüberzug die Bonbons zermahlen oder zerstoßen und dann mit der Sahne bei geringer Hitze in einem kleinen Topf unter ständigem Rühren schmelzen. Mit einem Löffel den flüssigen Karamell dekorativ auf dem Kuchen verteilen.

Anniks
Klassiker

Avocadokuchen mit Heidelbeeren

1 Springform (Ø 24–26 cm)

Für den Boden

30 g	Butter, plus mehr für die Form
2	Eier, Größe L
125 g	Zucker
¼ TL	gemahlene Vanille
60 ml	Milch
125 g	Mehl
1 TL	Backpulver
1 Prise	Salz

Für den Belag

6 Blatt	Gelatine (s. S. 16)
2–3	reife Avocados
300 g	Crème fraîche
150 g	Zucker
¼ TL	gemahlene Vanille
5 EL	Zitronensaft
250 g	Schlagsahne
2 EL	Speisestärke
300 g	Heidelbeeren

Den Backofen auf 175 °C Ober-/Unterhitze vorheizen. Den Springformboden mit Butter einfetten. Butter zerlassen. Eier, Zucker und Vanille mit dem Handrührgerät schaumig schlagen. Butter und Milch verrühren. Mehl, Backpulver und Salz über die Eiermischung sieben und unterrühren. Die Milchmischung einrühren. Den Teig in die Springform geben. Im Ofen (Mitte) etwa 20–25 Minuten backen. Herausnehmen und abkühlen lassen.

Für den Belag die Gelatine in etwas kaltem Wasser einweichen. Avocados halbieren, vom Kern befreien, schälen und das Fruchtfleisch pürieren (gebraucht werden etwa 300 g Avocadopüree). Crème fraîche, Avocadopüree, 100 g Zucker und Vanille verrühren.

Dann 3 EL Zitronensaft erwärmen und die ausgedrückte Gelatine darin auflösen. Mit einigen Esslöffeln der Crème-fraîche-Mischung verrühren, dann gründlich unter die restliche Crème-fraîche-Mischung ziehen. Mischung kalt stellen. Sobald sie zu gelieren beginnt, die Sahne steif schlagen und unterheben. Die Masse auf dem Kuchenboden verteilen und im Kühlschrank 2 Stunden fest werden lassen.

Speisestärke mit 3 EL Wasser glatt rühren. Die Heidelbeeren abbrausen und abtropfen lassen, mit 120 ml Wasser, dem restlichen Zucker (50 g) und dem restlichen Zitronensaft (2 EL) in einen Topf geben und aufkochen. Die Speisestärke einrühren und alles noch einmal aufkochen. Vom Herd nehmen und etwas abkühlen lassen. Heidelbeeren auf dem Kuchen verteilen. Im Kühlschrank 30 Minuten fest werden lassen, den Kuchen erst dann aus der Form lösen.

Torten

Erdbeertorte mit Limetten

1 Springform (Ø 26 cm)
1 Tortenring (Ø 26 cm)

Für den Boden

50 g	Butter, plus mehr für die Form
3	Eier, Größe L
200 g	Zucker
¼ TL	gemahlene Vanille
abgeriebene Schale von 2 Bio-Limetten	
100 ml	Milch
200 g	Mehl
2 TL	Backpulver
1 Prise	Salz

Für den Belag

6 Blatt	Gelatine (s. S. 16)
400 g	Crème fraîche
130 g	Zucker
¼ TL	gemahlene Vanille
65 ml	Limettensaft
1 EL	Honig
200 g	Schlagsahne
800 g	Erdbeeren
1 Pck.	roter Tortenguss
225 ml	Apfelsaft

Wer keine Limetten findet, kann sie natürlich auch durch Zitronen ersetzen.

Den Backofen auf 175 °C Ober-/Unterhitze vorheizen. Springform einfetten. Butter zerlassen. Eier, Zucker, Vanille und die Limettenschale mit dem Handrührgerät schaumig schlagen. Die zerlassene Butter mit der Milch verrühren. Mehl, Backpulver und Salz in eine Schüssel sieben. Die Milch- und Mehlmischung abwechselnd in die Eimasse rühren. Den Teig in die Springform füllen und im Ofen (Mitte) etwa 30 Minuten backen. Herausnehmen und abkühlen lassen. Erst dann aus der Springform lösen.

Die Gelatine in etwas kaltem Wasser einweichen. Crème fraîche, 100 g Zucker und Vanille verrühren. 40 ml Limettensaft und Honig erwärmen. Ausgedrückte Gelatine darin auflösen. Dann mit einigen Esslöffeln der Crème-fraîche-Mischung verrühren und anschließend in die übrige Crème-fraîche-Mischung rühren. Mischung kalt stellen. Sobald sie zu gelieren beginnt, die Sahne steif schlagen und unterheben.

Den Boden mit einem Tortenring umspannen. Die Erdbeeren abbrausen, putzen und einige große Früchte für den Rand halbieren. Diese mit der Schnittfläche von innen an den Tortenring stellen. Die ganzen Erdbeeren auf dem Boden verteilen. Die Creme darübergeben. Im Kühlschrank 2 Stunden fest werden lassen.

Den Tortenguss nach Packungsanleitung mit restlichem Zucker (30 g), Apfelsaft und restlichem Limettensaft (25 ml) zubereiten und auf dem Kuchen verteilen. Ein Holzstäbchen durch die Crème-fraîche-Masse und den Tortenguss ziehen, sodass eine hübsche Marmorierung entsteht. Die Torte im Kühlschrank 30 Minuten fest werden lassen. Anschließend den Tortenring entfernen.

Casino-Kuppeltorte

1 Kuppelform oder Schüssel (Ø 14 cm)

Für den Wiener Biskuit

30 g	Mehl
25 g	Speisestärke
4	Eier, Größe L
105 g	Zucker

Für die Bayerisch Creme

5 Blatt	Gelatine (s. S. 16)
200 ml	Milch
¼ TL	gemahlene Vanille
75 g	Zucker
4	Eigelb, Größe L
200 g	Schlagsahne

Außerdem

2–3 EL	Himbeerkonfitüre
1 Pck.	klarer Tortenguss

Den Backofen auf 180 °C Ober-/Unterhitze vorheizen. Ein Backblech mit Backpapier belegen. Aus den Biskuitzutaten einen Wiener Biskuit zubereiten wie im Grundrezept 3 auf Seite 26 beschrieben. Die Masse auf dem Blech verstreichen und im Ofen (Mitte) etwa 15–20 Minuten backen. Herausnehmen und mit dem Backpapier auf ein feuchtes Küchentuch ziehen, damit der Biskuit formbar bleibt. Dann abkühlen lassen.

Den Boden umdrehen und das Backpapier abziehen, Biskuitplatte wieder zurückdrehen. In einer Ecke einen Kreis (Ø 14 cm) ausschneiden. Aus dem übrigen Boden zwei Streifen à 14 cm Breite ausschneiden (einer ist aufgrund des ausgeschnittenen Kreises kürzer). Streifen dünn mit Konfitüre bestreichen und von der Längsseite her aufrollen. In Frischhaltefolie wickeln und bis zur weiteren Verwendung tiefkühlen.

Für die Creme Gelatine in etwas kaltem Wasser einweichen. Milch, Vanille und die Hälfte des Zuckers aufkochen. Eigelbe und restlichen Zucker in einer Schüssel verrühren. Warme Vanillemilch unter Rühren in die Eigelbmasse gießen. Alles durch ein Sieb zurück in den Topf geben und unter Rühren erwärmen, bis es eindickt. Ausgedrückte Gelatine mit etwas Vanillecreme verrühren, dann unter die restliche Vanillecreme ziehen. Mit Frischhaltefolie direkt auf der Creme abdecken und auf Zimmertemperatur abkühlen lassen.

Die Kuppelform mit Frischhaltefolie auslegen. Die Rollen aus dem Tiefkühler mit einem geriffelten Messer in etwa 0,5 cm breite Scheiben schneiden. Form dicht an dicht mit den Schnecken auslegen (bei Bedarf die Schnecken zurechtschneiden). Sahne steif schlagen und unter die abgekühlte Creme heben. 3–4 EL Creme in die Form geben und die übrigen Schnecken darauf verteilen. Kuppel mit der restlichen Creme füllen und Boden auflegen. Die Kuppeltorte im Kühlschrank 1 Stunde fest werden lassen.

Zum Servieren Kuppel aus der Form behutsam auf ein Kuchengitter stürzen und einen Teller darunter stellen. Die Folie entfernen. Tortenguss nach Packungsanleitung zubereiten und die Kuppel damit überziehen, fest werden lassen. Zum Servieren die Torte auf eine Kuchenplatte setzen.

Tipp:

Achten Sie darauf, dass die Schnecken wirklich dicht an dicht liegen. Sind Löcher dazwischen, läuft die Creme hinein – und das sieht einfach nicht so schön aus.

Schokoladentorte mit Mangocreme

1 Springform (Ø 26 cm)
1 Tortenring (Ø 26 cm)

Für den Boden

4	Eier, Größe L
100 g	Schokolade (50–60 % Kakaoanteil)
80 g	kalte Butter
150 g	Zucker
50 g	Schlagsahne
40 g	Mehl
40 g	Kakaopulver
1 Prise	Salz

Für die Mangocreme

7 Blatt	Gelatine (s. S. 16)
4	Eier, Größe L
200 g	weiße Schokolade
20 g	Butter
250 g	Mangomus (z. B. aus dem Asialaden)
250 g	Doppelrahmfrischkäse
250 g	Schlagsahne
1 Prise	Salz
40 g	Zucker

Für den Schokoladenüberzug

175 g	Schokolade (70 % Kakaoanteil)
110 g	Schlagsahne
30 g	Butter
75 g	Zucker

Schokoladendeko

Backofen auf 175 °C Ober-/Unterhitze vorheizen. Für den Boden die Eier trennen. Schokolade hacken, Butter würfeln und beides in einer Metallschüssel über dem Wasserbad schmelzen (s. S. 18–19). Herunternehmen. 50 g Zucker, Sahne und Eigelbe unterrühren. Mehl mit Kakaopulver zweimal sieben, in die Schokomasse rühren.

Eiweiße mit Salz steif schlagen, dabei den restlichen Zucker (100 g) einrieseln lassen und weiterschlagen, bis ein glänzender Eischnee entstanden ist. Ein Drittel des Eischnees in die Schokoladenmasse rühren, den Rest vorsichtig unterheben. Den Teig in eine Springform füllen. Im Ofen (Mitte) etwa 40 Minuten backen. Herausnehmen, etwas abkühlen lassen und aus der Form lösen.

Für die Mangocreme Gelatine in etwas kaltem Wasser einweichen. Die Eier trennen. Schokolade hacken und die Butter würfeln, beides in einer Metallschüssel über dem Wasserbad schmelzen. Dann herunternehmen. 6 EL Mangomus erwärmen, die Gelatine gut ausdrücken und darin auflösen. Restliches Mangomus hinzufügen und alles in die Schokoladenmasse rühren. Eigelbe mit Frischkäse verrühren, ebenfalls zur Schokoladenmasse geben.

Die Sahne steif schlagen. Eiweiße mit Salz steif schlagen, dabei den Zucker einrieseln lassen. Sahne und Eischnee unter die Schokoladenmasse heben, sobald diese zu gelieren beginnt. Den Boden mit einem Tortenring umspannen. Die Mangocreme auf dem Boden glatt streichen. Im Kühlschrank 2 Stunden fest werden lassen.

Für den Guss Schokolade hacken. Sahne in einem Topf aufkochen. Vom Herd nehmen, Schokolade und Butter einrühren. Etwas abkühlen lassen. 60 ml Wasser mit dem Zucker in einem Topf aufkochen, dann in die Schokoladenmasse rühren. Etwas abkühlen lassen. Tortenring lösen, die Torte rundum mit dem Schokoladenüberzug bestreichen, mit Schokoladendeko verzieren. Im Kühlschrank 30 Minuten fest werden lassen.

Tiramisu-Torte

1 Springform (Ø 26 cm)
1 Tortenring (Ø 26 cm)
1 Spritzbeutel mit Lochtülle (Ø 12 mm)

Für den Biskuit

60 g	Butter, plus mehr für die Form
5	Eier, Größe L
1	Eigelb, Größe L
150 g	Zucker
¼ TL	gemahlene Vanille
1 Prise	Salz
150 g	Mehl

Für die Füllung

30 g	Mandelblättchen
90 ml	starker Espresso
150 g	Zucker
2 EL	Amaretto (oder Cognac)
3 Blatt	Gelatine (s. S. 16)
6	Eigelb, Größe L
1 EL	Honig
400 g	Mascarpone
2 EL	Milch

Für die Dekoration

2	Eiweiß, Größe L
1 Prise	Salz
120 g	Zucker
1 TL	Zitronensaft

Den Backofen auf 200 °C Ober-/Unterhitze vorheizen. Den Springformboden mit Butter einfetten. Aus den Biskuitzutaten einen Biskuit zubereiten wie im Grundrezept 1 auf Seite 26 beschrieben. Biskuit in die Form füllen und im Ofen (Mitte) etwa 20 Minuten backen. Herausnehmen und abkühlen lassen. Biskuit erst dann aus der Form lösen und dreimal quer durchschneiden.

Mandelblättchen in einer Pfanne ohne Fett rösten und beiseitestellen. Espresso, 30 g Zucker und Amaretto (oder Cognac) verrühren. Gelatine in etwas kaltem Wasser einweichen. Eigelbe mit 120 g Zucker und Honig mit dem Handrührgerät schaumig schlagen. Mascarpone einrühren. Milch aufkochen, den Topf vom Herd nehmen. Milch kurz abkühlen lassen, dann die Gelatine ausdrücken und darin auflösen. Gelatinemilch mit etwas Creme verrühren, dann unter die restliche Creme ziehen.

Unteren Boden auf eine Tortenplatte legen, mit einem Tortenring umspannen und mit einem Drittel der Creme bestreichen. Zweiten Boden auflegen, mit einem Drittel der Espressomischung tränken. Mit dem zweiten Drittel der Creme bestreichen. Dritten Boden auflegen, mit einem Drittel der Espressomischung tränken und mit dem Rest der Creme bestreichen. Vierten Boden auflegen, mit der restlichen Espressomischung tränken. Mindestens 1 Stunde im Kühlschrank fest werden lassen.

Für die Dekoration Eiweiße, Salz, Zucker und Zitronensaft in eine Metallschüssel geben. Über dem Wasserbad (s. S. 19) aufschlagen, bis der Zucker sich aufgelöst und die Masse eine Temperatur von etwa 65 °C erreicht hat. Herunternehmen und weiterschlagen, bis die Masse fast wieder abgekühlt ist. Masse in einen Spritzbeutel füllen und Tupfen auf die Torte spritzen. Restlichen Eischnee an den Seiten verstreichen. Mit den Mandelblättchen bestreuen. Die Baiserspitzen nach Belieben mit einem Flambierbrenner leicht bräunen.

Himbeertorte

1 Tortenring (Ø 22 cm)

Für den Wiener Biskuit

30 g	Mehl
25 g	Speisestärke
4	Eier, Größe L
105 g	Zucker
2–3 EL	Himbeerkonfitüre

Für die Füllung

160 g	Himbeeren (frisch oder tiefgekühlt)
125 g	Zucker
5 Blatt	Gelatine (s. S. 16)
400 g	Doppelrahmfrischkäse
150 g	Mascarpone
2 EL	Zitronensaft
¼ TL	gemahlene Vanille
120 g	Schlagsahne

Für die Glasur & Dekoration

3 Blatt	Gelatine
150 g	Himbeeren (frisch oder tiefgekühlt)
1 EL	Zitronensaft
75 g	Zucker

einige Himbeeren, Puderzucker (nach Belieben)

Den Backofen auf 180 °C Ober-/Unterhitze vorheizen. Ein Backblech mit Backpapier belegen. Für den Biskuit Mehl und Stärke in eine Schüssel sieben. 2 Eier trennen. Eigelbe, übrige Eier und 75 g Zucker unter Rühren über dem Wasserbad (s. S. 19) auf 55–60 °C erhitzen. Vom Wasserbad nehmen, kalt schlagen. Eiweiße steif schlagen, dabei den übrigen Zucker (30 g) einrieseln lassen. Weiterschlagen, bis der Eischnee fest ist und glänzt. Erst die Mehlmischung unter die Eigelbmasse ziehen, dann den Eischnee.

Die Masse auf dem Blech verstreichen und im Ofen (Mitte) etwa 15–20 Minuten backen. Herausnehmen und mit dem Backpapier auf ein feuchtes Küchentuch ziehen, damit der Biskuit formbar bleibt. Dann abkühlen lassen.

Den Biskuit umdrehen und das Backpapier abziehen, Biskuit wieder zurückdrehen. In einer Ecke einen Kreis (Ø 15 cm) und aus dem restlichen Biskuit zwei Streifen à 15 cm Breite ausschneiden (einer ist aufgrund des ausgeschnittenen Kreises kürzer). Die Streifen mit Konfitüre bestreichen, dann von der breiten Seite her möglichst eng aufrollen und 30 Minuten tiefkühlen.

Dann mit einem Wellenschliffmesser in 3–3,5 cm breite Scheiben schneiden. Tortenring auf eine Kuchenplatte setzen, innen eine Reihe Schnecken anlegen. Den runden Boden in die Mitte legen.

Für die Füllung Himbeeren mit 50 ml Wasser und 5g Zucker aufkochen, dann durch ein Sieb passieren. Gelatine in etwas kaltem Wasser einweichen. Frischkäse mit Mascarpone, übrigem Zucker (120 g), Zitronensaft und Vanille verrühren. 125 g Himbeerpüree erwärmen (nicht kochen!) und die ausgedrückte Gelatine darin auflösen. Erst unter einen Teil der Frischkäsemasse rühren, dann unter die restliche Masse ziehen. Kalt stellen. Sobald die Masse zu gelieren beginnt, Sahne steif schlagen und unterheben. Die Hälfte der Füllung auf dem Boden verteilen, restliche Schnecken mittig daraufsetzen und übrige Füllung darübergeben. Torte rundum glatt streichen, 2 Stunden im Kühlschrank fest werden lassen.

Für die Glasur Gelatine in etwas kaltem Wasser einweichen. Himbeeren, Zitronensaft, Zucker und 75 ml Wasser aufkochen, bis die Himbeeren zerfallen. Vom Herd nehmen, kurz abkühlen lassen und die ausgedrückte Gelatine darin auflösen. Alles abkühlen lassen und auf der Torte verteilen. Im Kühlschrank fest werden lassen. Zum Servieren den Tortenring entfernen. Auf die Torte nach Belieben einige mit Puderzucker bestäubte Himbeeren setzen.

Baileys-Torte

2 Springformen (à Ø 20 cm)

Für die Böden

20 ml	Espresso
75 ml	Baileys Original Irish Cream
80 g	weiche Butter, plus mehr für die Formen
150 g	Zucker
2	Eier, Größe L
¼ TL	gemahlene Vanille
180 g	Mehl
20 g	Kakaopulver
1 TL	Backpulver
¼ TL	Salz

Für die Karamellschicht

60 g	Rohrohrzucker
40 g	Butter
¼ TL	gemahlene Vanille
60 ml	Baileys Original Irish Cream

Für die Sahneschicht & Dekoration

400 g	Schlagsahne
40 ml	Baileys Original Irish Cream
1 Pck.	Sahnesteif

Schokostreusel oder -raspel (nach Belieben)

Tipp:

Die Karamellsauce schmeckt auch toll zu Eis, und die Sahne passt super zu Früchten.

Den Backofen auf 180 °C Ober-/Unterhitze vorheizen. Die Springformen mit Butter einfetten. Den Espresso mit dem Baileys in einer Tasse verrühren und beiseitestellen.

Für die Böden die Butter mit dem Zucker in einer großen Schüssel mit dem Handrührgerät schaumig schlagen. Eier einzeln unterrühren, danach die Vanille zugeben. Mehl, Kakaopulver, Backpulver und Salz in eine zweite Schüssel sieben. Mehlmischung und Baileys-Espresso nach und nach in die Butter-Ei-Masse rühren. Den Teig auf die zwei Springformen verteilen, im Ofen (Mitte) etwa 20–25 Minuten backen. Herausnehmen und vollständig abkühlen lassen.

Für die Karamellschicht Rohrzucker und Butter in einem Topf aufkochen und bei kleiner Hitze 3 Minuten köcheln lassen. Vom Herd nehmen, Vanille und Baileys einrühren. Vollständig abkühlen lassen. Für die Sahneschicht Sahne und Baileys mischen und halbsteif schlagen. Sahnesteif einrieseln lassen und weiterschlagen, bis die Sahne fest ist.

Einen Boden aus der Springform lösen und auf eine Tortenplatte legen. Die Hälfte der Sahne und die Hälfte des Karamells auf den Boden streichen. Den zweiten Boden auflegen, die restliche Sahne und den restlichen Karamell darauf verteilen. Mit Schokoladenstreuseln oder -raspeln nach Belieben bestreuen. Die Torte bis zum Servieren in den Kühlschrank stellen.

Karamell-Schokoladentorte

1 Springform (Ø 26 cm)
1 Tortenring (Ø 26 cm)

Für den Boden

275 g	Schokolade (70 % Kakaoanteil)
180 g	Zucker
150 g	weiche Butter, plus mehr für die Form
5	Eier, Größe L
¼ TL	Salz
80 g	Mehl
1 TL	Backpulver

Für die Füllung

150 g	Schokolade (70 % Kakaoanteil)
2 Blatt	Gelatine (s. S. 16)
150 g	Zucker
50 g	Butter
500 g	Schlagsahne
1 Prise	Salz
300 g	Schokoladensticks

Den Backofen auf 170 °C Ober-/Unterhitze vorheizen. Den Springformboden mit Butter einfetten. Für den Boden die Schokolade hacken. Einen großen Topf mit schwerem Boden auf den Herd stellen und bei mittlerer Hitze so viel Zucker hineinstreuen, dass der Boden bedeckt ist. Sobald der Zucker zu schmelzen beginnt, nach und nach den restlichen Zucker einstreuen, dabei nicht rühren (s. S. 17). Sobald der Zucker geschmolzen ist, die Hitze reduzieren und die Butter einrühren. Sobald auch sie geschmolzen ist, den Topf vom Herd nehmen. Die Schokolade hineingeben, 1 Minute ruhen lassen und dann alles verrühren, bis die Schokolade ebenfalls geschmolzen ist.

Die Eier trennen. Eigelbe einzeln in die Schokoladenmasse rühren. Eiweiße mit Salz steif schlagen. Ein Drittel des Eischnees mit dem Schneebesen in den Teig rühren. Mehl und Backpulver darübersieben, dann unterrühren. Restlichen Eischnee vorsichtig unterheben. Masse in die Springform geben. Im Ofen (Mitte) etwa 35 Minuten backen. Herausnehmen, abkühlen lassen.

Für die Füllung Schokolade hacken. Gelatine in etwas kaltem Wasser einweichen. Den Zucker karamellisieren wie zuvor beschrieben. Die Hitze reduzieren und die Butter im Karamell schmelzen, dann 50 g Sahne und das Salz einrühren. Topf vom Herd nehmen und die gehackte Schokolade in der Masse schmelzen. Die ausgedrückte Gelatine darin auflösen. Die Masse etwas abkühlen lassen (auf etwa 45 °C). Restliche Sahne (450 g) steif schlagen und unterheben.

Vom Boden die obere Wölbung abschneiden. Boden quer durchschneiden. Den unteren Boden auf eine Kuchenplatte legen und mit einem Tortenring umspannen. Die Hälfte der Füllung darauf verteilen, den zweiten Boden darauflegen und mit der restlichen Creme bedecken. Die abgeschnittene Wölbung fein zerbröseln und die Brösel auf dem Kuchen verteilen. Mindestens 2 Stunden im Kühlschrank fest werden lassen. Anschließend den Tortenring entfernen und die Schokoladensticks an den Rand der Torte drücken.

Tipp:

Sollten sich beim Hinzufügen der restlichen Zutaten zum Karamell ein paar Karamellstückchen bilden, einfach so lange rühren, bis sie sich wieder aufgelöst haben.

Rübli-Cheesecake

1 Springform (Ø 26–28 cm)

Für den Cheesecake

Butter für die Form

700 g	Doppelrahmfrischkäse
240 g	Zucker
40 g	Speisestärke
¼ TL	gemahlene Vanille
2 EL	Zitronensaft
160 g	Schlagsahne
2	Eier, Größe L

Für die Karottenböden

Butter für die Form

80 g	Walnusskerne
400 g	Karotten
1	Apfel
1 TL	Zitronensaft
280 g	Mehl
2 TL	Backpulver
½ TL	Natron
2 TL	gemahlener Zimt
¼ TL	gemahlene Vanille
½ TL	Salz
4	Eier, Größe L
220 g	Zucker
200 ml	Sonnenblumenöl

Für die Frischkäsecreme

700 g	Doppelrahmfrischkäse (zimmerwarm)
350 g	Puderzucker
250 g	weiche Butter
¼ TL	gemahlene Vanille

Den Backofen auf 175 °C Ober-/Unterhitze vorheizen. Eine Springform mit Alufolie abdichten und einfetten. Für die Cheesecakeschicht Frischkäse, Zucker, Speisestärke und Vanille glatt rühren. Zitronensaft und Sahne zufügen, zuletzt die Eier. Nur so lange rühren, bis eine homogene Masse entstanden ist. Masse in die Springform füllen und im Ofen (Mitte) etwa 45 Minuten backen. Herausnehmen und auf einem Kuchengitter abkühlen lassen. Aus der Form lösen, in Alufolie wickeln und mindestens 1 Stunde tiefkühlen, am besten über Nacht.

Den Backofen auf 160 °C Ober-/Unterhitze vorheizen. Eine Springform mit Butter einfetten. Für den Karottenboden die Walnusskerne hacken. Karotten und Apfel schälen. Den Apfel vom Kerngehäuse befreien und zusammen mit den Karotten reiben. Apfel, Karotten, Zitronensaft und gehackte Walnusskerne in einer Schüssel vermengen. Mehl, Backpulver, Natron, Zimt, Vanille und Salz in eine zweite Schüssel sieben. Eier und Zucker in einer dritten Schüssel mit dem Handrührgerät schaumig schlagen. Sonnenblumenöl und die Mehlmischung in die Eiermischung rühren. Karottenmischung unterheben. Den Teig in drei Teile teilen. Den ersten Teil in die Springform füllen. Im Ofen (Mitte) etwa 30 Minuten backen. Den ersten Boden herausnehmen und abkühlen lassen. Aus dem restlichen Teig zwei weitere Böden backen.

Für die Frischkäsecreme Frischkäse, Puderzucker, Butter und Vanille glatt verrühren. Einen Boden auf eine Kuchenplatte legen und dünn mit etwas Frischkäsecreme bestreichen. Den Cheesecake aus dem Tiefkühler nehmen, aus der Form lösen und auf den Boden setzen. Ebenfalls dünn mit etwas Creme bestreichen. Einen zweiten Boden darauflegen. Die Torte ringsum mit Frischkäsecreme bestreichen. Den dritten Boden in Kuchenstücke schneiden und die Stücke auf die Torte legen. Mit Cremetupfen verzieren.

Schokoladen-Amaretto-Torte

2 Tortenringe (à Ø 20 cm)
oder 2 Springformen (à Ø 20 cm)

Für die Böden

100 g	Schokolade (70% Kakaoanteil)
6	Eier, Größe L
100 g	weiche Butter
80 g	Zucker
1 Pck.	Vanillezucker
1 Prise	Salz
120 g	Amarettini

Für die Füllung

6 Blatt	Gelatine (s. S. 16)
6	Eigelb, Größe L
120 g	Puderzucker
100 ml	Amaretto
400 g	Mascarpone
200 g	Schlagsahne

Für den Guss

75 g	Schokolade (70% Kakaoanteil)
1 TL	Honig
2 EL	Butter

Ein Backblech mit Backpapier belegen. Die Tortenringe daraufstellen. Dann den Backofen auf 150 °C Ober-/Unterhitze vorheizen.

Die Schokolade hacken, im Wasserbad schmelzen und abkühlen lassen (s. S. 18–19). Die Eier trennen. Die Butter mit 40 g Zucker und dem Vanillezucker in einer zweiten Schüssel mit dem Handrührgerät schaumig schlagen und die Eigelbe nacheinander hinzugeben. Danach die flüssige Schokolade einrühren.

Die Eiweiße mit dem Salz steif schlagen und den restlichen Zucker (40 g) einrieseln lassen, weiterschlagen, bis ein fester Eischnee entsteht. Die Amarettini fein zerbröseln. Die Amarettinibrösel und ein Drittel des Eischnees in den Teig rühren, restlichen Eischnee mit einem Teigspatel vorsichtig unterheben. Den Teig in die zwei Tortenringe verteilen und im Ofen (Mitte) etwa 25 Minuten backen. Herausnehmen und abkühlen lassen.

Für die Füllung die Gelatine in etwas kaltem Wasser einweichen. Eigelbe und Zucker über dem Wasserbad 5 Minuten schaumig schlagen. Beiseite stellen. Den Amaretto erhitzen (nicht kochen), die Gelatine ausdrücken und im Amaretto auflösen. Unter einen Teil der Eigelbmasse rühren, dann unter die restliche Eigelbmasse ziehen. Anschließend den Mascarpone gut unterrühren und die Creme kalt stellen. Sobald sie zu gelieren beginnt, die Sahne steif schlagen und unterheben.

Die beiden Tortenböden quer durchschneiden. Den ersten Boden auf eine Kuchenplatte legen und mit einem Tortenring umspannen, dann ein Viertel der Füllung auf dem Boden verteilen. Den zweiten Boden darauflegen und leicht andrücken. Das zweite Viertel der Creme auf dem Boden verteilen, den dritten Boden auflegen und leicht andrücken. Das dritte Viertel der Creme auf dem Boden verstreichen, den vierten Boden auflegen und leicht andrücken. Dann das letzte Viertel der Creme darauf verstreichen.

Für den Guss die Schokolade in Stücke brechen und mit dem Honig und der Butter über dem Wasserbad schmelzen lassen. Die Schokomasse auf der Torte verteilen. Die Torte etwas hin- und herbewegen, damit der Guss schön glatt aussieht. Die Torte anschließend im Kühlschrank 1 Stunde fest werden lassen.

Anniks
Klassiker

Riesen-Cupcake

2 Springformen (à Ø 15 cm)
1 Spritzbeutel mit Sterntülle (Ø 13 mm)

Für den Rührteig

225 g	weiche Butter, plus mehr für die Formen
225 g	Zucker
4	Eier, Größe L
225 g	Mehl
2 TL	Backpulver
1	Prise Salz
60 g	gemahlene Haselnüsse
4 EL	Espresso, abgekühlt

Für die Buttercreme

5	Eigelb, Größe L
175 g	Zucker
50 ml	Espresso, abgekühlt
250 g	weiche Butter

Für die Dekoration

36	Schokoladengebäckröllchen (z. B. Amicelli)
1 EL	Schokoladenstreusel

Den Backofen auf 175 °C Ober-/Unterhitze vorheizen, die Springformen einfetten. Für den Rührteig die Butter mit dem Zucker in einer Schüssel mit dem Handrührgerät schaumig schlagen. Die Eier einzeln gut unterrühren. Das Mehl mit Backpulver und Salz in eine zweite Schüssel sieben und die Nüsse dazugeben. Die Hälfte der Mehlmischung in den Teig rühren, dann den Espresso dazugeben und zuletzt die restliche Mehlmischung.

Den Teig auf die Formen aufteilen und im Ofen (Mitte) etwa 45–50 Minuten backen. Herausnehmen und 5 Minuten abkühlen lassen. Dann die Kuchen aus der Form lösen, ganz abkühlen lassen und für 1 Stunde in den Tiefkühler stellen, damit sie sich besser schneiden lassen.

Für die Buttercreme die Eigelbe in eine Schüssel füllen. Zucker und Espresso auf 117 °C erwärmen und den Sirup unter Rühren in die Eigelbe gießen. Alles durch ein Sieb in eine weitere Schüssel passieren und kalt schlagen. Das geht am besten in der Küchenmaschine. Sobald die Masse Zimmertemperatur erreicht hat, die weiche Butter in Stückchen dazugeben und einrühren.

Die Kuchen aus dem Tiefkühler nehmen und bei Bedarf oben begradigen. Von einem Kuchen den Rand rundum von oben nach unten schräg abschneiden, sodass der Kuchen unten schmaler wird. Diesen Kuchen quer halbieren, mit Buttercreme bestreichen und wieder zusammensetzen. Die Oberfläche mit Buttercreme bestreichen.

Den zweiten Kuchen oben in Kuppelform schneiden (Teigreste anderweitig verwenden, s. Tipp) und auf den unteren Kuchen setzen. Die Ränder dünn mit Buttercreme bestreichen und die Schokoladenröllchen am Rand andrücken. Die übrige Buttercreme in den Spritzbeutel füllen und damit die Oberfläche spiralförmig bespritzen. Zuletzt den Cupcake mit Schokoladenstreuseln bestreuen und nach Belieben eine kleine Kerze in die Mitte setzen.

Tipp:

Rührkuchenreste können Sie für einen Bröselboden verwenden. Dazu am besten in kleine Krümel zerbröseln und über Nacht bei Zimmertemperatur trocknen lassen. Oder Sie machen Cakepops aus den Rührteigresten. Falls Sie dafür nicht gleich Zeit haben, die Reste einfach einfrieren.

Baumkuchentorte

1 Springform (Ø 26 cm)

Für den Teig
6 Eier, Größe L
150 g weiche Butter, plus mehr für die Form
150 g Marzipanrohmasse, geraspelt
abgeriebene Schale von ½ Bio-Zitrone
Mark von ½ Vanilleschote
150 g Zucker
1 Prise Salz
80 g Mehl
70 g Speisestärke

Für die Füllung
9 Blatt Gelatine (s. S. 16)
500 ml Buttermilch
130 g Zucker
Mark von ½ Vanilleschote
30 ml Zitronensaft
20 g Honig
200 g Schlagsahne

Für den Belag
4 Blatt Gelatine
300 g Erdbeeren
70 g Zucker
Saft von 1 Zitrone

Die Zutaten für den Baumkuchenboden sollten alle Zimmertemperatur haben, damit sie sich später im Teig gut verbinden. Eier trennen. Den Backofen auf 190 °C Oberhitze vorheizen. Die Springform mit Butter einfetten.

Für den Teig Eigelbe, Butter, Marzipanraspel, Zitronenschale, Vanille und 75 g Zucker mit dem Handrührgerät schaumig schlagen. Eiweiße mit Salz steif schlagen, restlichen Zucker (75 g) einrieseln lassen. Mehl und Speisestärke über die Eigelbmasse sieben. Mit einem Drittel des Eischnees unterrühren und den restlichen Eischnee mit einem Teigspatel vorsichtig unterheben.

Zum Backen 3 EL Teig auf dem Springformboden verteilen und etwa 2–5 Minuten backen. Ich mache das nach Sicht, die Oberfläche sollte mittelbraun sein. Dann 3 EL Teig auf der gebackenen Schicht verteilen und backen. So fortfahren, bis der Teig aufgebraucht ist.

Den Boden in der Form etwas abkühlen lassen, dann aus der Form lösen und auf einem Kuchengitter vollständig abkühlen lassen.

Für die Füllung die Gelatine in etwas kaltem Wasser einweichen. Buttermilch, Zucker und Vanille verrühren. Zitronensaft und Honig in einem Topf erwärmen (keinesfalls kochen), vom Herd ziehen und die ausgedrückte Gelatine darin auflösen. Einige Esslöffel der Buttermilchmischung dazugeben und gut verrühren. Den Inhalt des Topfes in die restliche Buttermilchmischung rühren. Dann kalt stellen. Sobald die Mischung zu gelieren beginnt, die Sahne steif schlagen und unterheben.

Abgekühlten Boden wieder in die Springform legen. Die Buttermilchfüllung auf den Boden geben. Mindestens 3 Stunden, am besten über Nacht, im Kühlschrank fest werden lassen.

Für den Belag die Gelatine in kaltem Wasser einweichen. Die Erdbeeren abbrausen und putzen. Die Hälfte klein schneiden. Die andere Hälfte pürieren, Zucker und Zitronensaft zufügen. Einige Esslöffel Püree in einem kleinen Topf erwärmen (nicht kochen), die ausgedrückte Gelatine darin auflösen und ins restliche Püree rühren.

Erdbeerstückchen auf der fest gewordenen Buttermilchfüllung verteilen und das Püree vorsichtig darüberlöffeln. Torte im Kühlschrank etwa 1 Stunde fest werden lassen. Springform erst kurz vor dem Servieren entfernen.

Tipp:
Das Rezept des Bodens können Sie auch für kleine Baumkuchenecken verwenden. Dafür backen Sie den Teig besser in einem Backrahmen (24 × 24 cm). Anschließend in Würfel schneiden und diese nach Belieben mit Kuvertüre überziehen.
Anniks
Klassiker

Fotografie Dorling Kindersley, Annik Wecker
Autorenfoto S. 6 Thomas Karsten
Lektorat Jutta Schmolke
Innengestaltung, Covergestaltung, Illustrationen Silke Klemt

Für den DK Verlag:
Programmleitung Monika Schlitzer
Redaktionsleitung Anne Heinel
Projektbetreuung Jessica Kleppel
Herstellungsleitung Dorothee Whittaker
Herstellungskoordination Claudia Rode
Herstellung Sophie Schiela

ISBN 978-3-8310-3863-3

Repro Farbsatz, Neuried/München
Druck und Bindung Leo Paper Products, China

www.dorlingkindersley.de

Hinweis
Die Informationen und Ratschläge in diesem Buch sind vom Autor und vom Verlag sorgfältig erwogen und geprüft, dennoch kann eine Garantie nicht übernommen werden.
Eine Haftung des Autors bzw. des Verlags und seiner Beauftragten für Personen-, Sach- und Vermögensschäden ist ausgeschlossen.

Soweit nicht anders angegeben, beziehen sich die Temperaturangaben für den Ofen auf Ober- und Unterhitze. Bei Umluft verringert sich die Temperatur um etwa 20°C. Beachten Sie hierzu gegebenenfalls auch die Angaben des Herstellers.